Elfie Pertramer erzählt über Gott und die Welt

Elfie Pertramer erzählt

ÜBER GOTT UND DIE WELT

Süddeutscher Verlag

Umschlaggestaltung: Design Team München
Umschlagfoto: U. Sunkler

ISBN 3-7991-6131-7

© 1981 Süddeutscher Verlag GmbH München
Alle Rechte vorbehalten. Printed in Germany
Satz: K. Wenschow, München
Druck + Bindung: May & Co., Darmstadt

Inhalt

Mein Haus	9
Die Rosa	19
Das arme Kind	29
Fahr' ma auf Eding	41
Unsere Waschfrau, die »Blab«	51
Die Hausschneiderin	64
Die Blumenfrau	75
Der Kesselflicker Damian	86
Fischerkinder	95
Ich, der Heilige Drei König	112
Wenn der Tod stirbt	127
Der schwarze Muck oder von der Macht des Wortes	139
Florian Leberecht	152
Zu Füßen des heiligen Franziskus	167
Terremote	175
Die Glocke von Bondinoccio	183
Fische auf der Straße	199

... nicht belachen, nicht beweinen
noch verabscheuen, sondern begreifen.

Spinoza (1632–1677)

Mein Haus

Unscheinbar, eingezwängt zwischen riesige Betonbauwerke, steht unser altes Haus in der Nymphenburger Straße allen Gewalten zum Trotz immer noch da. Es dürfte eins der letzten sein, dessen Besitzer sich zum Verkauf noch nicht entschlossen haben. Aber es hängt zu viel Erinnerung und Tradition daran. Es ist schon 200 Jahre alt, und als mein Urgroßvater es kaufte, stand es noch mitten in Feldern und man hörte im Oktober die Schüsse der königlichen Jagden vom Rotkreuzplatz herüber.

Selbst als ich ein Kind war, glich es noch einem Paradies. Ich saß im »Röserlbaum«, wenn die Fronleichnamsprozession vorüberzog und warf von oben Rotdornblüten auf die Straße. Unfaßbarer Wandel im Lauf von 40 Jahren! Das Haus war nur von Familienangehörigen bewohnt und hatte zwei Malerateliers. Eins lag im Garten und ist nun fast am Zusammenbrechen. Aber nicht einmal dazu kann man sich entschließen: nämlich es abreißen zu lassen. Da müßte ja auch der alte Weinstock mit ausgerissen werden, der jetzt verstaubt und traurig immer weniger Früchte bringt.

Mein Vater hat noch Wein angesetzt aus den weißen Trauben. Also, das Atelier abreißen, dieses Thema umgehen wir besser bei Familiengesprächen. Im Atelier haben hier schließlich alle bedeutenden Familienfeste stattgefunden. Tafelrunden, bei denen die Gäste sich mit Weinlaub bekränzten, von jenem Weinstock. Auf einer alten Fotografie von 1903 – es war die goldene Hochzeit meines Urgroßvaters – sieht man recht genau den Urzustand dieses Ateliers. Da gab es Wandfresken in italienischer Manier, von meinem Großvater gemalt. Eine Stechpalme, eine lange Barocktafel, bestellt mit feinsten geschliffenen Weingläsern und silbernen Obstschalen; ein und das andere Stück hat die Kriege überlebt. In diesem Atelier malten Großvater und Großmutter abwechselnd an ihren Staffeleien. Da aber die Großmutter dazu auch noch eine ungewöhnlich schöne Frau war, gab sie obendrein ihres Mannes liebstes Modell ab. Man erkennt sie leicht auf den meisten seiner Bilder, immer in graziöser Haltung, umgeben von einem oder von all ihren Kindern. Ein Kupferstich, den mein Urgroßvater nach einem Bild meines Großvaters gestochen hat, zeigt sie, spärlich bekleidet, als Engel mit noch einem kleinen Engel in einer Kirchturmnische. Das Bild nannte mein Großvater: ›Das Abendläuten‹, und meine Großmutter wußte dazu eine Geschichte zu erzählen:

Sie saß im Atelier auf einem großen alten Schrank, des Lichtes wegen, das dort herrschte, und hatte ihren kleinen nackten Sohn Bürsterl auf dem Schoß. Mein Großvater hatte sie als Abendengel dort plaziert und malte schon viele Stunden lang. Die Großmutter saß wie auf glühenden Kohlen, wegen dem Kinderl, das nicht mehr zu beruhigen war. Endlich gab der Karl das Kommando, runterzukommen, aber just in diesem Augenblick klopfte es an der Tür. Es war der Prinzregent! Solange der Prinz Luitpold noch nicht Regent war, kam er fleißig in die Akademie. Manche Maler sperrten ihre Ateliers zu, um nicht zwecklos von ihm aufgehalten zu werden. Ernst Zimmermann schrie einmal laut durch den Gang: »Sperrt's zua, der Luitpold kummt, kaufen tuat er ja doch nix!« So berichtet es jedenfalls Josef Hofmiller.

Der Prinzregent war also gekommen und ließ sich natürlich nicht gleich wieder hinauskomplimentieren. Er war gekommen, überraschend wie immer, weil er nämlich ein Modell sehen wollte. Meine Großmutter raffte ihre hauchdünnen Engelhüllen zusammen und entschuldigte sich, für etwas, wofür ihr der Prinzregent sehr dankbar war. Mein Großvater mußte zum Schein weitermalen, und der alte Herr stocherte mit seinem silbernen Spazierstock scheinbar teilnahmslos im Atelierboden herum. Gottlob fing das Kind endlich so mörderisch zu schreien an, daß die Vorstellung abgebrochen werden konnte. Der Prinzregent versprach wiederzukommen zur Vollendung des ›Abendläuten‹. Von da an sperrte meine Großmutter das Atelier immer zu.

Unser Garten war durch eine 40 Meter lange Holzplanke vom Nachbar-Grundstück getrennt. Drüben waren, wie bei uns, hohe Bäume, Buchen und Jasminsträucher, Johannisbeeren und Stachelbeeren, Rittersporn, Dahlien und ein kleines poetisches Gartenhäuserl. In der Villa drüben wohnte um die Jahrhundertwende die Familie Morgenstern mit ihrem einzigen Sohn Christian, dem später berühmt gewordenen Dichter der ›Galgenlieder‹. Meine Schwester spielte häufig mit dem liebenswürdigen Knaben, und die Kameradschaft ging später in Liebe über. Christians Mutter, eine feinfühlige Frau, war immer kränklich und vererbte den Keim ihres Leidens anscheinend an ihren Sohn. Sie starb viel zu früh für ihren Christian, und der Vater – auch ein Maler –, der verstand seinen Sohn leider nicht. Er heiratete wieder, aber eine Frau, die ihm keine Stütze war. So trennte er sich von ihr und lebte später mit einer Gefährtin zusammen, der er trotz seines körperlichen Siechtums seine späten Erfolge verdankte.

In den Aufzeichnungen meines Großvaters findet sich auch eine Beschreibung von einem Künstler, den ich nicht kenne. Ein gewisser Maler und Bildhauer Brandl. Er soll vollendet gewesen sein in allen Stilarten, in Wandmalerei sowie profaner und religiöser Kunst. Auf Tempera wie Fresko soll er sich aufs beste verstanden haben. Als der Großvater für Gabriel von Seidl die beiden Säle der Brauereivereinigung auszumalen hatte, kam Brandl zwei Tage vor der Eröffnung herein, begrüßte ihn und sagte:

»I muaß a no a bißl was macha.« Nebenan war ein Saal für christliche Kunst, aber noch vollkommen kahl. »Da muaß i no an Fries rum malen«, sagte der Brandl. »Aber spät sind Sie dran«, meinte der Großvater. »Dös kriagn ma scho«, brummte der Brandl, zog aus der Tasche ein paar Fetzen Pauspapier, worauf er sich ein paar Notizen gemacht hatte, dann holte er sich eine Staffelei und zeichnete mit Kohle an die Wand. Und als mein Großvater am nächsten Abend in den Saal kam, stand der ganze Fries mit Szenen aus dem Leben der Maria fertig da. Eine solche Leistung sah er nie mehr in seinem Leben. Der Brandl war auch ein herrlicher Vortragskünstler. Auf der Straße konnte man ihn wandern sehen und vor sich hinrezitieren, in der einen

Hand ein Buch, in der anderen den Hut. Er war eine der markantesten Erscheinungen der Münchner Künstlerwelt. Später wurde er nach Oberammergau an die Schnitzerschule berufen. Bei allem Können war er die Bescheidenheit selbst, jedem gefällig und hilfsbereit. Daß er dabei zu kurz kam, ist natürlich. Auf dem eminenten Portrait unseres Brandl von Leo Samberger in der Staatsgalerie ist er in seiner ganzen Lebendigkeit charakterisiert. Unnötig, die Vorstellung wachzurufen, wie ein rezitierender Brandl sich heute auf der Ludwigstraße ausnehmen würde! –

Aber es scheint, als habe sich alles, jeder Baum und jeder Strauch jenem traurigen Wandel der Entgeistigung unterzogen; die Beschreibung des Starnberger Sees von 1865 zum Beispiel, die sich auch unter den Sachen meines Großvaters fand, ist so fremd und fern, daß sie wie ein Märchen anmutet. Die ganze Gegend um den Starnberger See war unzugänglich und wurde von vielen Künstlern gemalt. Am ganzen See bis zum Ammersee und bis Grainau war das reizende Kostüm mit dem Mieder, seidenen Tüchlein, Seidenschürze und Otterpelzhaube in Gebrauch. Viele Einbäume wurden von den Fischern benützt, und rund um den See grünten uralte Eichenbäume. Der alte Münchner kam nur nach Starnberg. Die wenigen Bahnzüge brauchten zwei volle Stunden auf dem einzigen Geleise. Die kleinen Wagen waren gedrückt voll. Es fuhr nur ein Dampfer. Das heutige Pöcking hieß damals allgemein Protzenhausen. Es stehen heute noch wenige alte Landhäuser dort. Auf der Westseite des Sees stand das hübsche Schloß des Prinzen Karl und das Schloß Possenhofen mit seinem Park, das Schloß in Geratshausen

und Schloß Bernried mit dem großartigen alten Park, der schönsten Bucht am ganzen See.
Im Starnberger See-Hafen lag zur Zeit der bayerischen Herzöge das Prunkschiff Bucentauro, nur durch viele Ruder getrieben, nach venezianischem Muster. An schönen Sommertagen bot es einer stattlichen Hofgesellschaft Unterkunft. Im Norden des Sees sehen wir Kempfenhausen mit herrlichem Überblick. Und drüben Schloß Berg, welches Ludwig II. jahrelang bewohnte. Oft sah man ihn mit einigen Reitknechten, wie er kurz vor Ammerland im Walde Rast machte und sich beim Schuster-Michl Milch holen ließ. Als Kind lugte mein Großvater durch die Zweige nach ihm wie nach einem Wunder.
Über Begegnungen mit dem König, die mein Großvater in späteren Jahren bei der Innengestaltung der Schlösser Herrenchiemsee und Neuschwanstein hatte, ließe sich vieles berichten; aber gerade zur Starnberger-See-Beschreibung paßt diese Stelle aus den Aufzeichnungen meines Großvaters besonders gut: »Wenn der König von Linderhof nach Ammerland ritt, rastete er oft unter einer großen Föhre. Da sahen wir ihn oft. Ein Bedienter holte dann Milch und Brot beim Schuster-Michl. Einmal war ein heftiges Gewitter, und er mußte in ein Haus flüchten. Es war gerade beim Schnauz die Türe offen, aber niemand zu Hause. Wir sahen den Hesselschwert am Tische der Bauernstube sitzen, welche so niedrig war, daß der König kaum stehen konnte. Der Bauer war kurz vorher beim Sandfahren ums Leben gekommen, er war in der Nähe von Tutzing ertrunken, und der König hatte der Bäuerin eine ansehnliche Zuwendung gemacht. Alsbald ging

die Türe auf, die Bäuerin stürzte herein, wischte sich die schmutzigen Hände an der Schürze ab, stürzte auf den König zu und rief aufgeregt: ›Ja grüß Gott, Herr Kini. I dank dir halt recht schön für des, was du tan hast für mi zum Tod vo mein Mo.‹ Und sie streckte ihm die Hände entgegen. Aber der König war verlegen und wußte nicht, wie er sich verhalten sollte. Trotz Ungewitter zog er sich zurück und verließ stumm das Haus.«

Einen ganzen Stapel von Postkarten, Reproduktionen von Arbeiten meines Großvaters habe ich im Atelier gefunden. Von den Originalen ist leider heute in München nichts mehr zu finden. Aber vielleicht erinnert sich der eine oder andere alte Münchner Ratskellerbesucher an jene Wandfresken, die auf den Postkarten abgebildet sind: Ein Münchner Kind, den Arm voller Weinviertel, ein Student in Couleur und ein Maler unterm Samthut greifen gierig nach den Gläsern. Darüber steht der Vers: »Mit Kunst und Wissenschaft trink ich gern Bruderschaft. Sie mag uns Segen bringen, drauf laßt die Gläser klingen, München Rathauskeller – Karl Schultheiß.« Oder ein anderes Bild, auf dem Mönche und Herolde und ein Nachtwächter von der Wand herunterposaunen. Motive aus Erding, aus Landsberg, Wandmalereien im Corpshaus Bavaria am Platzl, alles zerstört. Wer von den heutigen Café-Luitpold-Besuchern denkt noch daran, welche Tradition dieses Haus hatte. Herrliche Deckenfresken schmückten die Räume. Mein Großvater hat viel von der qualvollen Malerei auf den Gerüsten erzählt, die teilweise wochenlang im Liegen ausgeführt werden mußten.

Die *Münchner Neuesten Nachrichten* vom 20. Juli 1942 huldigten meinem Großvater anläßlich seines 90. Geburtstages mit folgenden Worten: »Vor zehn Jahren wurde der Nestor der ältesten Münchner Malergeneration erstmals an dieser Stelle angesprochen. Nun feiert er in aller geistigen Frische seinen 90. Geburtstag. Es ist schon lange so, daß man ihn den letzten Münchner Romantiker nannte, und seither haben wir die ganze Strömung neuen Romantisierens in der Malerei erlebt. Er darf sich rühmen, noch mit einem der größten Romantiker, Meister Schwind nämlich, befreundet gewesen zu sein, wie er auch Kamerad und Wandergenosse von Defregger und Oberländer, Spitzweg und Grützner war.
Schultheiß war Diez-Schüler und hatte daher die schöne, tonige Malkultur seiner Bilder, unter denen ›Der Neujahrsgruß vom Petersturm‹, ›Altmünchner Biergarten‹ und ›Serenade im Garten‹ besonders bekannt sind. Die *Einkehr* brachte eine Artikelserie ›Erinnerungen eines alten Malers‹, wo er durch seine Erzählfreudigkeit viele Freunde gewinnen konnte. Möge er noch lange als lebender Künstler großer künstlerischer Vergangenheit Münchens unter uns weilen.« (Peter Trumler)
Um auf die Freundschaft meines Großvaters mit dem romantischen Maler Moritz von Schwind zurückzukommen: Für die koloristische Richtung, welche der Landschaftsmaler Eduard Schleich bevorzugte, hatte Schwind gar nichts übrig. Er sagte einmal zu einem Verehrer Schleichs: »Wenn die Natur so ausschauert, wie's der Schleich malt, dann bracht mi koa Mensch mehr naus!« Er hackelte sich auch gerne mit Piloty,

dessen hysterisches Pathos ihm zuwider war. So begrüßte er ihn einmal in der Akademie: »An recht schönen guaten Morgen, Herr Kollege! Was für a Unglück in Reitstiefel maln's denn grad?« – Der malte gerade Wallensteins Einzug. Piloty hatte von diesen Stiefeln einige schöne Exemplare. Bei einem Besuch in Paris besuchte Piloty auch den berühmten Maler Meissonnier und wollte ihn zu einem Tausch einer Skizze gegen ein Bild bewegen. Doch Meissonnier wich allen Anspielungen aus. Endlich, als Piloty auf seine alten Reitstiefel zu sprechen kam, wurde er warm. Doch Piloty kam nicht in den Besitz des Kunstwerkes, denn als er in München die Wallensteinstiefel nach Paris schicken wollte, waren sie gestohlen.

Mein Großvater war trotz seines geringen Gewichtes von nicht mehr als einem Zentner ein couragierter Mann und legte endlose Wanderungen von vielen hundert Kilometern zurück. Mit 85 Jahren sah ich ihn noch im Ötztal im kalten Biburgsee schwimmen in seiner roten, vielleicht 30 Jahre alten Badehose. In der Nymphenburger Straße hat er einmal, als ich ein Kind war, einen Einbrecher wieder zum Fenster hinauskomplimentiert, ohne Waffe und ohne uns zu wecken. Nachts konnte er oft nicht schlafen und las über Naturwissenschaften. Seine Lieblingsschriftsteller waren Gottfried Keller und Conrad Ferdinand Meyer. Auch die Grundlagen des 19. Jahrhunderts von Chamberlain sah man auf dem Nachttisch. Ich fragte meinen Großvater, warum er immer im Winter den Hut im Bett aufbehielt und voll angezogen wäre: Weil er nachts oft aufstehen müsse und dann Viehsalz in die Klosette streue, die auf dem Hausgang waren und

leicht einfroren, war die Antwort. Die jüdischen Kunsthändler waren ihm lieber als die aus Sachsen oder Preußen, und einer bestimmten Rassenlehre hing seine tolerante Persönlichkeit nicht an. Als Parteifreund hätten wir ihn uns nie vorstellen können.
Auch für Musik war er aufgeschlossen, besonders für die Werke von Beethoven, Schubert, Palestrina und Orlando di Lasso. In der Allerheiligen-Hofkirche und im Dom hörte er gerne die Messe. Sein schöner Tenor drang noch zusammen mit dem Bariton eines anderen alten Mannes durch die Räume des Altersheimes, in welches er wegen der Bombenangriffe gebracht werden mußte, und als echter Musensohn verstand er, obgleich völlig erblindet, trotzdem dem Leben bis zum letzten Augenblick ein Fünkchen Freude abzugewinnen.

Die Rosa

Zwei kleine hellblaue Herzlein an dünnen Ringen aus Gold schmückten die fleischigen Ohren. Das stark gekräuselte Haar war in der Mitte gescheitelt und im Nacken als Zopf zusammengesteckt. Darüber trug sie ein Netz. Die Rosa war unser Dienstmädchen in den dreißiger Jahren.
Als sie an einem »Ersten« sich um die Stellung bewarb, war sie eben erst zwanzig geworden. Auf dem Kopf trug sie ein kleines Hütchen mit winziger Krempe, und die Stirn war von einem Schleierl verhüllt. Ihre füllige Figur preßte ein Stäbchenmieder zusammen, das ihren gewaltigen Busen hervorquellen ließ. Er wollte entweichen und wußte doch nicht wohin. Eine lange Kette künstlicher Perlen sank in ihre Herzrinne hinab, der Hals war von einem Handarbeitskragen umrahmt, und das schwarzglänzende Seidenkleid, das die Rosa bei jener »Vorstellung« trug, reichte ihr bis an die Knöchel. Ihre Beine steckten in schwarzen Seidenstrümpfen, an denen schon eine Masche zu wandern begann.
Als meine Mutter ihr öffnete, legte die Rosa g'schamig den Kopf auf die Seite, zeigte schüchtern eine Reihe unebener Zähne und wurde rot. Wenig später saß sie in der Küche bei uns. – Zeugnisse? Nein, da hatte sie keine. Sie kam direkt vom Land. In Pfarrkirchen war sie daheim. Bis sie neunzehn war, hat sie auf dem An-

wesen des Vaters gearbeitet, dann bei einem Bauern. Hundert Mark hat sie verdient in einem Jahr. Aber an Lichtmeß hat der Vater das ganze Geld abgeholt und auf ein Konto gelegt. Zehn Mark hat er ihr gelassen davon. Das ist das Kleid. Achtzig Pfennig hat der Meter gekostet, und sie hat es selber genäht. Meine Mutter sagte, es sei sehr schön, und berührte die Häkelarbeit. Die hat ein Vierteljahr Arbeit gebraucht. Die Rosa sagte, daß ihr die Bauernarbeit absolut nicht mehr schmeckt, darum sei sie heut' auf mehrere Zeitungsannoncen auf »Minga« neig'fahrn. Ein neues Leben soll anfangen, heut! Bis jetzt hat der Vater halt immer den Daumen draufgehabt. Aber jetzt reicht's. Sie ist sowieso brav und geht niemals wohin, auch nicht zum Tanzen in ein Café. Da kriegt man vom Hingehen schon einen »Schratzen«, sagte die Rosa, und ein Kind wollte sie nicht. Das fehlert' ihr noch.

Sie gefiel meiner Mutter nicht schlecht, und sie fragte die Rosa, wie es mit ihren Kochkenntnissen stehe. Da senkte sie ihre Lider und meinte verschämt. »Bauernkost halt: Knödel, Toagknödel, Semmelknödel, Leberknödel, Leberspatzel, Griassuppen, Millisuppen, Kartoffelsuppen, Milzsuppen und Schweinsbraten, Rindsbraten, Kalbfleisch, Surfleisch mit Kraut, Blaukraut, Salat, an Kartoffisalat und an greana Gurkensalat und Radisalat und dann Nudeln, Auszogne in jeglicher Form.« Das genügte. Das andere, sagte meine Mutter, würde sie ihr in kurzer Zeit beibringen können, wenn sie nur will. Oh ja, sie will schon, und vor allem, ehrlich wäre sie auch. Bei der Darstellung ihrer Ehrlichkeit schlug sie sich einige Male an ihre Brust, so daß die Herzlein an ihrem Ohr zu zittern begannen. Ja, die

Ehrlichkeit ist das wichtigste im Leben, sagte meine Mutter, und gab der Rosa die Hand.
Die Rosa war dringend notwendig im Haus. Die Lohnverhandlungen gingen sehr schnell. Dreißig Mark hat sie bekommen, im oberen Dachgeschoß ein Zimmer, Essen und Krankenkasse umsonst. Das war der Rosa sehr recht. Sie empfand den Anstieg von hundert auf dreihundertsechzig Mark als eine große Karriere und hätte meiner Mutter fast die Hände geküßt.
Nachdem sie einig waren, meine Mutter und sie, fuhr sie zum Ostbahnhof raus. Da stand ihr Koffer in der Gepäckaufbewahrung. Meine Mutter öffnete nach ihrem Weggang das Fenster wegen dem starken Veilchengeruch. Aber sonst gefiel sie ihr gut. Sogar mein Großvater faßte Vertrauen. Sein Vertrauen war ausschlaggebend, denn auf ihn mußte Rücksicht genommen werden, er war ja blind.
Die Geisteshaltung meines Vaters neigte einer spartanischen Lebensweise zu. Aufrichtigkeit und Sparsamkeit waren die Grundsätze, denen seine besondere Aufmerksamkeit galt. Er schlief lieber auf einem Feldbett als auf einer schönen Matratze, und seine Anspruchslosigkeit galt auch für uns: die Rosa mußte also sehr sparen. Im ersten Krieg war mein Vater im Generalstab gewesen und strategisch geschult. »Unstrategisch« war es zum Beispiel, eine Woche vorher den Christbaum zu kaufen, wo man ihn doch am Heiligen Abend für die Hälfte bekam. Abwarten ist besser als angreifen. Das verstand die Rosa sehr bald. So kaufte sie alles im letzten Moment. Den Spargel, die Erdbeeren, den Radi. Erste Rettiche gab's bei uns nie. Da war nichts zu machen. Die Rosa lernte, Fallobst zu feinen

Gelees zu bereiten, Eier einlegen in Kalk und das Sauerkraut festtreten im Faß. Das hat schon meine Großmutter zur Zeit der Jahrhundertwende gemacht. Wenn die Rosa einmal im Monat hinunterfuhr nach Pfarrkirchen, brachte sie für meinen Vater einen Rauchseitling mit. Das war ein kohlschwarzes Geselchtes, ein Geschenk von ihrem Vater an ihn. Manchmal brachte sie auch ganz frische Eier oder eine Kirchweihgans mit, »kerndlgfuadert«. Sie hatte auch oft feine Schmalznudeln dabei. Und wenn man krank war, kochte die Rosa ein Ei. Dessen Dotter war dunkelgelb und hatte mit den Eiern von heut' nur die Form noch gemein.

Ganz herrlich war auch das Brot. Es war im Holzofen gebacken vor dem Haus. Ziemlich pappig und schwer, meinte meine Mutter, und daß es ungesund sei. Trotzdem aßen wir es leidenschaftlich gern, mit Landbutter darauf. Die wurde bei der Rosa daheim in der Zentrifuge gedreht. Die Bäuerin nahm die Batzen aus dem sauren Wasser, formte kleine Laiberln und drückte eine Holzmodel hinein. Da war das Lamm Gottes darauf. Die Bauern ritzten auch ihre Brotlaibe mit drei Kreuzzeichen ein. Das machte die Rosa nun auch bei uns.

Sie brachte viel Neues in unsere Familie. Vor allen Dingen, wenn niemand sie sah. Da kann ich mich dunkel erinnern, daß ich einmal heimkam, zu früh, früher als man mich erwartet hatte, weil »hitzefrei« war, oder »Masern«, und ich fand die Küchentür zu. Kein Hinpumpern half, ich mußte durchs Schlüsselloch schauen. Da sah ich einen silbernen Adler, der war an einen grauen Ärmel gestickt, dieser Ärmel gehörte zu einem Uniformrock, der hing über dem Stuhl. Auf dem Boden konnte man den Stiefelschaft eines Wehrmachtstrittlings erblicken. Zigarettenrauch trübte die Sicht. Ich lief in den Garten hinunter, wo zwischen Holunderbäumen mein Schaukelbrett hing. Als die Rosa das Essen auftrug bei Tisch, traf mich ihr seltsamer Blick. Halte den Mund, sagte der Blick. Und ich schwieg.

Aber ich hatte auch meine Erpressungsmethoden. Meine einzige Leidenschaft war nämlich ein Kümmelweckerl mit Leberkäs darauf. Der kostete damals acht Pfennige, mit dem Weckerl dann zwölf. Wenn ich mit der Rosa zum Einkaufen ging, gab es jedesmal einen Kampf. Ich wollte ein Leberkässemmerl, aber der Leberkäs war als Belohnung gedacht. Ich mußte Treppen putzen dafür, oder den Mund halten, wie jetzt. Sie war ein ehrliches Mädchen und ging im ersten Jahr gar nirgends hin. Später fand man sie – oder besser man fand sie nicht – in einem Café, wo getanzt wurde und wo die Soldaten verkehren.

Manchmal befürchtete meine Mutter, die Rosa könnte plötzlich heiraten, und man müßte sich dann wieder nach jemand neuem umsehen. Der Fall trat nicht ein. Sie blieb fünf Jahre bei uns, und ich hab einen Teil meiner Kindheit unter ihrem Busen verbracht. Man konnte einfach darunterflüchten, er war ein Riesenbalkon, kein böser Geist vermochte zu folgen dorthin, er war ein sicherer Schutz. Meine Geister wohnten im Keller und im Abflußrohr vom Klosett. Wie in vielen Alt-Münchner Häusern war im Treppenhaus unser Klo. Ein Holzverschlag mit rundem Deckel darauf. Die Schüssel aus Porzellan. Besonders in der Abendzeit war ein Klobesuch sehr riskant. Ich ängstigte mich unsagbar, und die Rosa mußte immer mitgehen und vor dem Klo warten auf mich. Sie selbst hatte gar keine Angst. Niemand glaubte mir, daß von unten Geister heraufgreifen nach mir. Oft saßen dann noch häßliche Zwerge am Fenster, die ich heute noch sehe. So stand die Rosa geduldig und hatte den Fuß zwischen der Tür. Ich raste wie eine Verrückte die Treppen hinauf und sie mußte zusperren danach.

Im Sommer war ich mit der Rosa allein. Meine Eltern machten Ferien im Ausland. Ich durfte nicht mit. So schlief ich bei der Rosa im Bett. An ihrem Busen, verhüllt von weichem Flanell. Ihr Zopf hing herunter, und die Haarnadeln lagen auf dem Waschtisch herum. Daneben stand das Bild eines Soldaten, und eine Rose steckte dabei. Von einem Wiesenbesuch stammte auch ein abscheulicher Bär, in einem Stuhl an der Wand. Es roch nach Fünfzig-Pfennig-Seife, und in ihrem Schrank hingen schon Kleider, die sie sich vom Mund abgespart hatte. Die trug sie aber nur Samstag-Sonntag, wenn sie zum Tanzen ging ins Café. Manchmal war sie verheult und schneuzte sich am Tag zwanzig Mal. Meine Mutter sagte, sie sei eben wieder verliebt und fiele noch oft herein.

Die Rosa verliebte sich häufig und hatte darum einen großen Taschentuchverbrauch. Manchmal fragte sie, ob sie eine zweite Reine Rohrnudeln von ihrem eigenen Geld im Ofen mitbacken darf. Meine Mutter hat ihr das immer erlaubt. Noch warm trug sie dieselbe dann in die Infanteriekaserne hinüber zu ihrem Freund. Ein paar Tage danach weinte wie wieder. So ging das Jahre hindurch. Dabei wurde sie zusehends dicker und trug bald einen kurzen Haarschnitt, der ihr überhaupt nicht stand. Mit einer Brennschere hat sie sich die schönen Haare verbrannt, und ihre Anmut schwand schnell. Nach fünf Jahren war aus dem kernigen Bauernmädchen eine seltsame Pflanze geworden, nicht Fisch und nicht Fleisch. Das Großstädtische tat ihr nicht gut, das konnte man sehen. Am Sonntagnachmittag saß sie oft dreimal hintereinander im Kino. Und kam heraus ganz verweint.

In lebhafter Erinnerung sind mir noch ihre traurigen Lieder. Man konnte trübsinnig werden davon. Da hat ›Das Seemannsgrab‹ mir einen tiefen Eindruck gemacht. Es waren sehr viele Strophen voll düsterer Melancholie. Fernweh stieg auf, und ich träumte, über's Meer hinzufahren. Ich kannte ja nur die ›König Ludwig‹ und die Kähne am Starnberger See. Die waren langweilig, und die blöden Enten und Möwen sagten mir nichts. Das Lied vom Seemannsgrab hingegen weckte starke Gefühle von Abenteuer in mir:

> Leise und auf sanften Wogen,
> nimmt ein Schifflein seinen Lauf,
> und am dunklen Himmelsbogen
> steigt die Morgenröte auf.

> Und am Schiff ist alles traurig
> trotz der sonst'gen Heiterkeit
> denn heut' trägt man ja zu Grabe:
> einen Seemann im weißen Kleid.

> Einer sagt's dem Kapitäne,
> daß der Mann gestorben ist,
> darauf wischt er eine Träne
> heimlich sich aus dem Gesicht.

Mutter lebt in weiter Ferne,
wacht des Nachts, ist ohne Ruh,
blickt zum Himmel in die Sterne
drückt zur Stund kein Auge zu.

Und ein Engel flog hernieder,
brachte ihr die trübe Kund'
daß ihr Sohn liegt auf dem grünen,
tiefen kühlen Meeresgrund.

Leise zittern ihre Hände
und dann sinken sie herab,
einen Schrei, und sie sank nieder,
Gräber grub für zwei ein Grab.

In der Küche brutzelten die Fleischpflanzerln, und mit ihren dicken Fingern wälzte sie den Kartoffelsalat von einer Seite auf die andere herum. Meine französischen Vokabeln sträubten sich, einzugehen in mich. Mein Geist streifte weit über die Meere zu einer Mutter, die vor Schreck ihr Leben verlor. Das machte einen tiefen Eindruck auf mich. Mit Mutterliebe war ich nicht sehr verwöhnt. Sie duldete mich. Der Gedanke bohrte in mir, ob ich ihr nicht Gefühle entlocken könnte durch meinen Tod. Ich litt unsagbar unter ihrer Kühle und war zu jeder Schandtat bereit. So inszenierte ich eine tödliche Schau: In ein Bettuch gewickelt, mit gefalteten Händen, zog ich die Backen nach innen und atmete kaum. Ich lag viele Stunden auf dem Diwan, Kerzen brannten um mich, ehe sie kam. Als ich sie die Treppen heraufkommen hörte, zog ich noch einmal die Luft in die Lungen und »starb«. Sie öffnete die Türe, schnappte nur, ein einziges Mal, so, wie wenn einem

der Straps reißt oder die Schale mit Ei in die Pfanne hineinfällt. Dann trat sie schnell auf mich zu, herrschte mich an, ich sollte den Blödsinn sein lassen, aufhören mit solch gräßlichem Zeug, und an dieser Szene würde man wieder mal sehen, wie verlogen ich sei. Mein Stück ›Das Seemannsgrab‹ wurde nicht prolongiert.
Großmutter und Großvater hatten ein Opernabonnement. Sie konnten sich nicht entschließen, im Alter darauf zu verzichten. Manchmal machten sie noch einen Opernbesuch, aber oft war es doch der Fall, daß die Karten verfielen. Es war da niemand, der sich für ›Rheingold‹ interessierte oder wie eben der ›Tannhäuser‹ aus seinem Venusberg kommt. Meine Eltern gingen nie in die Oper, und so fiel das Los auf die Rosa und mich. Sie zog an solchen Abenden ihr schwarzes Kunstseidenkleid an mit dem Handarbeitskragen, und ich hatte meine Zöpfe mit blauen Haarschleifen geschmückt. Mein Taftkleid war lang und hatte Volants unten rum. Die Rosa duftete nach Parfüm, und der Duft stieg hoch bis zum Rang. Sie hatte ihre Handtasche aus Kunstlackleder auf die Schenkel gelegt und lutschte Eukalypthusbonbons. Man darf in der Oper nicht husten, das stört. Ich wurde ermahnt, mich nicht auf den Taftrock zu setzen wegen der Falten am Po. So saß ich denn in der Unterhose auf dem Staatsopernsitz wie befohlen.
Wir saßen im ›Freischütz‹. Der Akt mit der Wolfsschlucht begann. Freischütz goß seine Freikugeln im Bund mit dem Teufel, und die Rosa erschrak. Da wurden Wildsäue über die Bühne gezogen, Geister erschienen, weit mächtiger als die meinen vom Klo. Die ganze Unterwelt war mobil gemacht, und als es don-

nerte und der Samuel kam, saß ich bereits auf dem Boden und umklammerte die Knie der Rosa vor Furcht. Die schämte sich sehr und zog mich herauf. – In der Pause gingen wir im Foyer auf und ab, und ich grüßte eine Freundin aus meiner Klasse. Die fragte mich überheblich, ob das meine Mutter sei, worauf ich noch überheblicher antwortete, nein, die Rosa sei Dienstmädchen bei uns. Darauf machte sie »Pha!« und ging weg. Als nun die Freundinnen Agathe den Jungfernkranz wanden und alles einem Happy-End entgegenzustreben schien, kramte die Rosa in ihrer Tasche herum, sie schneuzte sich so leise es ging und drückte die Häkeleckchen in ihre Augenwinkel hinein. Dort saugten sie salzige Tränen, die unaufhaltsam aus jenen unergründlichen Räumen hervorquollen, in denen die Seele verweilt. Was wohl die Rosa so heftig bewegte? Ob es der Jungfernkranz war? Vielleicht taten ihr die Rohrnudeln leid, die sie so oft in die Kaserne gebracht hatte? Auf einen ›Freischütz‹ war wohl kaum mehr zu hoffen. Es war eher zu befürchten, daß ihre Hoffnung in einem kühlen Seemannsgrabe verrann.

Neulich habe ich die Rosa besucht. Sie ist eigentlich wenig älter als ich, nur vierzehn Jahre. Es geht ihr recht gut, doch verheiratet war sie nie. »Die Männer sind alle gleich«, sagte sie lakonisch, »schad, daß man das im Alter erst weiß.« Sie erinnerte sich noch an meine Aufbahrung, und ich erzählte ihr von dem Uniformrock. Dann sagte ich, daß ich ein Buch schreiben werde, sie käme darin vor. Ja, ja, meinte sie, aber nur unter einer Bedingung, daß ich nichts von ihren Liebschaften erzähle und auch nicht von dem gewaltigen Busen. Ich hab' mich bemüht.

Das arme Kind

Das arme Kind gibt es in Deutschland ganz gewiß auch noch heute. Aber so vereinzelt, daß man sagen kann, in der Form, wie es das arme Kind früher gab, doch nicht mehr.

Wir waren keine reichen Leute und hatten kein Auto oder irgendwelchen Luxus, aber im Vergleich zu dem armen Kind war ich wirklich eine Prinzessin. Ich durfte es oft mit nach Hause bringen zum Essen. Meine Eltern bestanden sogar darauf, mindestens zweimal in der Woche ein armes Kind zu Gast zu haben. Solange ich noch zur Volksschule ging, war die Auswahl groß. In der Pause wurde beschlossen, wer mit mir nach Hause gehen durfte.

In meiner Klasse war eine Kleine, die hatte den Vater verloren und die Mutter war lahm. Die »Schulspeisung«, ein Fläschchen Milch und trockenes Brot, bekam sie umsonst. Die Milch gab es in Flaschen, die mit einem Pappdeckelblättchen verschlossen waren, und es steckte ein Strohhalm darin. Wenn man Pech hatte, war der Strohhalm beschädigt und man konnte »zuzeln« soviel man wollte, es kam nichts herauf. Die armen Kinder drückten dann einfach das Pappdeckelblättchen hinein oder heraus und tranken so. Die Milch war sehr gut, wie sie heute nirgends mehr ist, und das Brot auch. Wenn die Schule aus war, warf das arme Kind seinen Schulranzen über, den vor ihm schon seine Geschwister getragen hatten und hüpfte fröhlich neben mir her.

Wenn ich unserer Köchin vorher nicht gesagt hatte, daß ich ein armes Kind mitbringen würde, machte sie Krach. Aber um den kleinen Gast nicht zu beleidigen, schwieg sie meist schnell. Wir beide aßen dann in der Küche, weiß Gott warum? Vielleicht, damit das Kind nicht merken sollte, wie arm es in Wirklichkeit war? Bei uns wurde immer der Tisch gedeckt, und es lagen silberne Gabeln herum. So aber saßen wir bei unserer Theres am Tisch, auf dem lag ein Wachstuch, und wir brauchten nicht aufessen, denn mein Vater kontrollierte uns nicht. Dem armen Kind wurde ein Stückchen Fleisch mehr auf den Teller gelegt, und wenn es Pudding gab oder Rhabarberkompott, schob ich ihm meine Portion auch noch zu. Mein Vater führte das Wort »Opfer« ständig im Munde, und so wurde ich frühzeitig an eine altruistische Lebenshaltung gewöhnt.

Wenn mein Vater ein gutes Geschäft gemacht hatte, konnte es vorkommen, daß er sich nach dem Essen ans Klavier setzte und Beethoven spielte. Ich zeigte dann durch den Türspalt im Wohnzimmer dem armen Kind meinen Vater, worauf es in große Panik verfiel. Ich mußte es dann beruhigen und ihm sagen, daß mein Vater immer so laut Beethoven spielt. Trotzdem zog es das Kind vor, lieber im Garten zu spielen. Schmutzig werden durfte es aber nicht, und so hat ihm meine Mutter einen Pullover geschenkt. Sie hat immer aus Sachen, die ich nicht mehr trug, ein Päckchen gemacht, »für arme Kinder« stand oben darauf. Das nahm ich mit in die Schule.

Seine Mutter hat Fleisch bei der Freibank gekauft. Das erzählte mir das arme Kind heimlich, als ob es ein großes Verbrechen wäre. Ich sollte es in der Schule ja niemandem sagen. Ich hatte keinen Begriff von der Freibank und stellte mir die grausamsten Sachen darunter vor. Frei – bank, das konnte nur eine Bank sein, auf der man im Freien die Tiere abschlachtet und die Abfälle den armen Leuten zuwirft. Dazu hat man um drei Uhr nachts aufstehen und im Finstern in einer langen Reihe von Menschen anstehen müssen. Im Winter hingen den Leuten Eiszapfen an ihrer Nase und in den Bärten der Männer formten sich glitzernde Kristalle. In solch einer Reihe stand auch die rechtsseitig gelähmte Mutter des armen Kindes. Sie hatte ein Einkaufsnetz um ihren Arm, den Fuß zog sie nach. Sie war eine ordentliche, sehr brave Frau mit einem Zopf um den Kopf.
Wenn ich zu dem armen Kind in die Wohnung gehen wollte, mußte ich fragen daheim. Ich sollte dann dort nichts annehmen, weil sie selber nichts hätten, und nicht zu lange bleiben bei ihm.
Wo das Kind wohnte, war unten eine Wirtschaft im Haus. Männer spielten dort Karten und große Holzbierfässer türmten sich auf. In der Gassenschänke holten die Leute in Krügen das Bier und Zigarillos dazu. In dem Haus war es sehr laut. Ich hörte Geschrei hinter den Türen, Streiten und Kindergebrüll. Das war sehr interessant, denn in unserem Haus wohnte nur unsere Familie, und wenn jemand brüllte, waren es wir. Ganz langsam ging ich die Treppen hinauf, um irgendwelche Wortbrocken zu hören. Oben im fünften Stock wurde es still, da wohnte das arme Kind,

und der älteste Bruder war schon zur Arbeit und die zwei anderen Geschwister in der Schule und der Lehr. Durch das Treppenhaus drang das Geschrei der verschiedenen Parteien, und neben der Wohnungstür tropfte ein Hahn in einen Ausguß hinein. An der graugrün gestrichenen Tür stand ein Schild mit dem Namen des Vaters. »Hans Greiner – Monteur«. Aber er wohnte schon vier Jahre woanders, wo man keine Schilder mehr braucht. Die Wohnung lag unter dem Dach. Und unter dem Abstreifer lag der Wohnungsschlüssel versteckt. Weil sie anscheinend die Fenster nie öffneten, war die Luft ziemlich dick. Es roch schlecht, nach Kohl, obgleich alles sauber geputzt und aufgeräumt war. Das graue Linoleum über dem Bretterboden war blitzblank poliert, und man mußte aufpassen, um nicht auszurutschen darauf. Im Wohnzimmer waren die Möbel mit grasgrüner Ölfarbe gestrichen, ein kleiner, ganz einfacher Kasten und zwei Wiener Stühle mit ovaler Lehne und einem geflochtenen Sitz. Elektrische Drähte führten im ganzen Zimmer herum.

Das arme Kind hatte eine Puppe, sollte aber nicht spielen damit. Die saß auf einem zerschlissenen Diwan aus der Jahrhundertwende und hatte ein Rüschenkleid an. An den Knien und Ellenbogen waren Gelenke, und selbst die Hände und den Hals konnte man drehen. Im Kopf steckte nur ein einziges Auge, das andere hörte man klappern im Bauch. Auf dem Kopf trug sie eine gehäkelte Mütze. Wir nahmen die Puppe vom Diwan und legten sie auf den Tisch. Dann zog das arme Kind der Puppe das Höschen herunter. Es war das eine sehr unanständige Handlung und wir hatten Angst,

die Mutter käme herein. Darum lauschte ich mit einem Ohr hin zur Türe. Dann nahm das Kind einen Bleistift aus seinem Federmäppchen heraus und kritzelte was auf den Popo. Darauf zog sie der Puppe die Hose wieder an und setzte sie schnell auf den Diwan zurück.
Es fragte mich, ob ich ein Margarinebrot möchte! Ich mochte es wahnsinnig gerne. Margarinebrot kannte ich nicht. Von einem langen Komißlaib säbelte es ein Stück ab. Ich hatte solch ein Brot noch niemals gesehen. Das Kind erzählte mir, daß sie das Brot in der Kaserne bekämen, wohin es wöchentlich geht. Sie bekämen das Brot dort geschenkt – einfach so! Das gefiel mir gut und ich fand es aufregend betteln zu gehen! So etwas hätten mir meine Eltern niemals erlaubt. Ich wollte mit und sehen, wie man das macht.
Die rote Backsteinkaserne war nicht weit entfernt. Sie lag zwischen uralten Kastanienbäumen, die ihre Kerzen aufgestellt hatten, und man hörte von weitem schon exerzieren. Vor dem Kasernentor stand ein Wachtposten – stumm. Von seinem Gesicht konnte man kaum etwas erkennen, denn er hatte den grauen Stahlhelm fast bis auf die Nase gedrückt. Die untere Hälfte seines Gesichts war mit einem dicken Lederriemen umschnürt. Seine Beine steckten in schweren, häßlichen Stiefeln. Um die Schulter hing sein Gewehr. Er mußte sehr schwer sein mit all dieser Last, denn er konnte kaum gehen.
Wir beide waren damals in dem Alter, wo Mädchen besonders hübsch zu sein pflegen, wenn die Milchzähne fehlen. Zusammen fehlten uns mindestens acht, gerade vorne herum klaffte es schwarz. Meine zartrosa Schleifen täuschten nicht über diese Lücken, mein

Häßlichsein war perfekt. Das arme Kind hatte die Zopfenden mit Gummi verschnürt. Wir trugen gestickte Schürzen. Blümchen im Kreuzstichmuster gestickt mit Täschchen darauf, Unrat war darin und ein Taschentuch. Denn ohne Taschentuch und gewaschenen Hals durfte ich nicht aus dem Haus. Oft rief mir unsere Köchin vom Balkon aus noch nach, ob ich ein Taschentuch hätte. Das arme Kind hatte keines. Daran war allein schon der Standesunterschied zu erkennen. Ich war eben aus dem Mittelstand, da beißt die Maus keinen Faden ab. Das arme Kind war aus der Arbeiterklasse, und deshalb ließ es der Wachtposten an der Kaserne auch durch. Es war schon bekannt. Ich wollte wegen der Zähne nicht lächeln. Der Posten war hübsch, und als er mich anschaute, wurde ich rot. Dann standen wir drin auf dem Platz.
Ich hatte schreckliche Angst, aber das arme Kind ging an den Soldaten vorbei, auf den großen roten Backsteinbau zu. Da ruhten die anderen Männer auf ihren Stuben von einer Nachtübung aus. Sie hatten die Fenster geöffnet und schnarchten zum Teil. Nun erhob das arme Kind seine Stimme. Es schrie einfach ganz hemmungslos zu den Fenstern hinauf: »Habt's an Kommiß?« Ich bin vor Scham fast in den Boden versunken und dachte an meinen Vater, der Offizier war, und an seine Seifenschachtel mit all den Orden darin. »Habt's an Kommiß«, schrie das arme Kind wieder und hielt sein Schürzlein zu den Fenstern hinauf. Da zeigte sich ein verschlafenes Soldatengesicht. Der Mann hatte ein grauwollenes Unterhemd an und gähnte in die Kastanienbäume hinein. Er schaute zu uns und rieb sich das Kinn. Dann verschwand er. Das

arme Kind wisperte mir zu, ich sollte nun aufpassen, gleich würde etwas passieren. Da tauchte der Mann wieder auf. »Gebt's obacht!« rief er uns zu und hatte ein Brot in der Hand. Das warf er uns zu. Ich rührte mich nicht vom Platz, aber das arme Kind tänzelte rum, um das Brot nicht auf den Boden fallen zu lassen. Es fiel aber doch in den Staub. Das war gut.
Der große Laib hätte es nämlich gewiß zu Boden gerissen, denn er kam aus beachtlicher Höhe. Das arme Kind hob ihn auf und rief ein »Vergelt's Gott« hinauf. Das hatte ich bisher nur von unseren Bettlern gehört. Ich sagte, wir sollten jetzt gehen. Aber es gab noch keine Ruhe. Nach und nach flogen mehrere Brotbrocken herunter und auch ein Stück harter Käse und der letzte Zipfel von einer Wurst. Wir hatten so viel, daß auch meine Schürze noch voll wurde davon. Das arme Kind war sehr glücklich. Schnell liefen wir heim.
Es läutete, und ich hörte hinter der Tür die schlürfenden Schritte der Frau. Sie war sehr beschämt, als sie mich sah. Wir leerten unsere Schürzen aus und die Frau bat mich, nichts meinen Eltern zu sagen. Dann fragte sie mich, ob sie mir etwas anbieten darf. Das war mir sehr peinlich und ich spürte eine tiefe Kluft zwischen ihnen und mir. Ich wollte ein armes Kind sein, Margarinebrot essen und betteln um Brot. Das Kind durfte Sachen machen, war frei, lief herum mit dem Wind, niemand kümmerte sich. Es hatte keinen strengen Vater wie ich und wurde niemals geschimpft, es wurde auch von keiner Köchin aus Niederbayern terrorisiert und mußte abends die Zähne nicht putzen, das arme Kind brauchte dies nur am Sonntag vor dem Kirchgang zu tun.

Auch durfte es spielen auf der Straße, was mir strengstens verboten worden war. Ich durfte nur in unseren Garten und niemals in fremden Hinterhöfen spielen – und gerade da war es schön. Da waren Kinder, die farbige Glasschusser hatten. Ich habe meistens Tonschusser gehabt. Das arme Kind bekam seine Schusser geschenkt. Einen Strickspringer hatte es sich selber gemacht aus einer Schnur. Auch einen farbigen Reifen mit einem Stock. Das arme Kind benützte die Felge eines rostigen Fahrrads, die klapperte, laut. Wenn die Mutter es aus dem fünften Stock herab rief, stellte sie zugleich eine graue Emailleschüssel heraus. Da war Spülwasser drin. Es wurde aus Sparsamkeitsgründen zum Vorwärmen an die Sonne gestellt. Unter dem Fenster flatterte Wäsche zum Trocknen. Es waren beinahe alles Lumpen mit Löchern, die nachher sorgsam geflickt wurden mit Garn. Das arme Kind hatte nie etwas Zerrissenes an. Das sagte auch eine Lehrerin in der Schule. Wir sollten uns ein Beispiel nehmen an diesem Kind.

Aber alle Lehrer dachten nicht gleich. Zum Beispiel war einmal eine furchtbare Aufregung in der Klasse, einem Kind fehlten zwei Mark. Es weinte und klagte über diesen Verlust. Das Geld könnte auf keinen Fall verloren worden sein, denn die Mutter hatte es am Morgen angeblich ins Federmäppchen geklemmt. Das Fach war nun leer, und auch nachdem es den ganzen Schulranzen umgestürzt hatte, fand es sich nicht. Es mußte also gestohlen worden sein. Wir saßen in unseren hölzernen Bänken, und vorne stand das Fräulein mit ihrem Stock. Ein dünner Bambus, der zog. Das Fräulein hatte die Angewohnheit, immer auf die Fingerspitzen zu zielen. Das war gemein. Ich habe nur einmal sechs Tatzen von ihr bekommen wegen Abreißens einer Blume und habe sie entsetzlich gehaßt. Von diesem Zeitpunkt hörte ich ihr nicht mehr zu. Nun stand sie am Pult mit dem Stock. Sie sagte, wenn sich nicht diejenige meldet, würde die ganze Klasse bestraft. Dabei starrte sie unentwegt dem armen Kind ins Gesicht. Das wurde so rot wie eine Tomate und rutschte auf seinem Sitz hin und her. Die Lehrerin sagte, sie zähle bis drei, dann finge sie an. Niemand meldete sich.

Da klopfte sie mit dem Stock auf das Pult und rief einen Namen. Es war der Name des armen Kindes, das herauskommen mußte zu ihr. Sicher wußte es selbst nicht warum, denn wir dachten, wir würden der Reihe nach aufgerufen werden. Der Tatzenstock sauste sechsmal auf seine Hand. Dann befahl sie, die Hand umzudrehen und schlug auch noch dreimal auf ihre Knöchel darauf. Keinen Muckser machte das Kind. Nur als es zurückkam in seine Bank, legte es das Gesicht auf die Arme und schwieg. Ich wurde nicht aufgerufen.

Die Lehrerin strafte mindestens zehn Kinder und schaute dazwischen immerzu nach dem armen Kind. So vermutete langsam die ganze Klasse, es habe die zwei Mark. Aber da trat eine plötzliche Wendung ein. Ein Mädchen hob seinen Finger und sagte, es hat die zwei Mark. Auf dem Klo sind sie gelegen. Es war die Tochter von einem Zahnarzt, und so zerrann der Verdacht.

Einmal durften wir mit der Klasse aufs Magdalenenfest gehen. Das war, und ist es noch heute, ein kleines Volksfest im Hirschgarten von München. Wir sollten Geld mitbringen fürs Kasperltheater. Aber nicht mehr im ganzen als eine Mark, damit keine Ungerechtigkeiten entstehen. Das arme Kind wurde vor der ganzen Klasse gefragt, ob es die Mark mitbringen könnte. Es stand da und sagte nein. Da meinte die Lehrerin, es sollte zu Hause bleiben und spielen. Meine Mutter gab mir sofort die eine Mark für das Kind, und so gingen wir miteinander ins Kasperltheater. Auch Kettenkarussell fuhr es mit mir. Es flog in einem Kettensitz und ich versuchte, es immer zu fassen. Einmal gelang es mir auch, und da flogen wir ganz nahe nebeneinander im Himmel herum.

Durch den Wirtsgarten spazierten die großen Hirsche, und die Gäste freuten sich und fütterten sie. Nur ein Hirsch war ein richtiger Säufer. Er hieß der »Noagerl-Sepp«. Mit seinem riesigen Geweih stieß er nämlich die leeren Bierkrüge um und leckte den Rest auf der Tischplatte auf. Wir sahen dem Hirschen zu, wie er das tat, und das arme Kind sagte, er habe recht.

Einmal fragte ich, was es denn gerne werden möchte. »Schneiderin«, hat es gesagt. Hausschneiderin. Da käme man in gute Familien, wo es warm ist und man könnte zweimal essen am Tag. Auch würden die Leute gewiß gut bezahlen, wenn man näht für sie. Ich wollte am liebsten Zirkusdirektor werden und in einem Zigeunerwagen rund herum um die Welt! Vorne sollte ein weißes Pferd eingespannt sein, und wir würden in warmen Ländern herumziehen, ich und mein Mann. Wo es uns gefiele, würden wir ein Seil aufspannen auf einem Platz und ich wollte tanzen darauf. Das Geld sammelten unsere Kinder mit dem Teller ein.

Das arme Kind durfte reden über die Zukunft – ich aber nicht! Schon wieder war der Standesunterschied da. Denn meine Mutter hätte gewiß einen Nervenzusammenbruch gekriegt wegen dem Seil, denn ich sollte studieren. So mußte ich chemische Formeln erlernen und Englisch, Französisch und Latein. Aber ich hatte gar kein Sprachentalent, und es gab die entsetzlichsten Auftritte daheim. Ich dachte oft, warum ich denn nicht als ganz armes Kind geboren worden sei, damit ja kein Geld da wäre, um zu studieren.

An Weihnachten war in der Schule immer Bescherung. Man durfte Sachen mitbringen, die dann an die armen Kinder verteilt worden sind. Man brachte Nüsse, Äpfel, Feigenkränze oder eine Tafel Schokolade. Die Lehrerin sammelte ein und gab es an die Schulleitung weiter. Das war sehr gemein, denn man wollte ja alles persönlich übergeben. Auf solche Weise kam man um seinen Lohn, der darin bestand, daß man sah, wie der Beschenkte sich freute. Es lag auch dann ausgerechnet der schöne Nikolaus in einer Schale von einem Kind aus einer anderen Klasse, das man nicht kannte.

Zur Weihnachtsfeier trug jede Abteilung etwas bei. Aus unseren Reihen wurden die Engel »gestellt«, Kinder mit guten Betragensnoten mußten das sein. Deshalb kam ich nicht in Betracht. Ich war nicht einmal brav genug, einen Hirten zu machen. Und die Lehrerin meinte, ich hätte gar kein Talent. Die armen Kinder aus allen Klassen wurden Engel, bekamen goldene Flügel und trugen einen glitzernden Stern. Die Turnsaaltür ging auf, und sie kamen heraus. Sie gingen unter den hochgesteckten Turnringen durch, am Reck vorbei und stellten sich auf der Bodenmatte auf ein Podest. Sie schritten ganz langsam und sangen ein Lied. Am Schluß folgten die Kleinsten. Dabei war

auch meine Freundin, das arme Kind. Ihre Geschenkteller trugen sie in der Hand und wurden von der ganzen Schule bestaunt. Es war ihr Tag. Nach drei Jahren ging ich aus dieser Schule heraus, wir trennten uns, denn ich mußte auf eine Oberschule gehen. Da standen mir zehn weitere gräßliche Zwangsjahre bevor. Das Kind sagte, es dauert bei ihr nicht so lang, dann würde es Hausschneiderin sein. Es hatte eine ganz klare Vorstellung von der Zukunft, nur ich schaute in ein finsteres Loch.
Ich habe das arme Kind dann nur noch einmal gesehen. Ich war damals schon Ende zwanzig und sah mit meinen Kindern ein Zirkusprogramm. Da sprang eine Gruppe Artisten in die Manege. In ihrer Mitte in einem rosa Paillettenkostüm eine Frau. Sie war das ehemals »arme Kind«, und ich konnte es kaum erwarten, bis die Clowns ihre Pausentricks machten. Der Zirkusdirektor zeigte mir höflich die Garderobe der Gruppe. Da stand an der Tür: »Madianellis«. Ich klopfte, wir umarmten uns herzlich, und dann hat sie mir von ihrem Leben erzählt. Sie war damals schon um die halbe Erde gereist. Manchmal treten sie auch auf Marktplätzen auf. Wenn ich wollte, sollte ich in ihren Wohnwagen kommen auf einen Wein. Ich wurde blaß. Leise ging ich in meine Loge zurück, sehr bedrückt. Was war aus uns beiden geworden, was war geschehen? Das arme Kind lebte mein Leben, ich lebte das Leben des armen Kindes. Es hatte mich weit überholt – frei wie ein Vogel umflog es den Erdball – und ich? Ich war zu Hause geblieben, bastelte an der Karriere – hoffte und bangte, zitterte um Erfolge und fabrizierte nach Meter hausgeschneiderte Witze für die Provinz.

Fahr' ma auf Eding ...

»Fahr' ma auf Eding«, hat unsere Theres immer gesagt, wenn irgend etwas Unangenehmes war. Sie meinte damit, daß sie nach Altötting hinunter zum Wallfahrten ginge, wenn sich das Übel nicht freiwillig verzieht.

Unsere Theres hatte eine Dienstbotenkammer unter dem Dach. Über ihrem Bett hing ein kleines Bild der schwarzen Muttergottes von Altötting, welche sie innigst verehrte, und um den Bettpfosten herum baumelte ein Rosenkranz mit schwarzen Perlen, so fromm war die Theres. Im Alltag merkte man ihr diese Frömmigkeit gar nicht so an. Da schimpfte sie oft ganz furchtbar, wenn ich ihr wieder etwas »zu Fleiß« getan hatte oder nach der Schule nicht heimkam, so daß sie das Essen aufwärmen mußte für mich.

Die Zeit war damals noch anders und für uns Kinder gab's keine Extrawürste gebraten. Wir hatten uns den Anordnungen zu fügen, die von den Erwachsenen getroffen worden sind. Unsere Erziehung war autoritär. Das war nicht angenehm. Man mußte parieren. Es gab Strafen und man wurde geduckt. Disziplin galt als oberstes Gesetz, und man suchte sich selbständig zu machen so gut es nur ging. Unsere Theres sorgte für peinliche Ordnung im Haus. Meine Schublade leerte sie mir ganz einfach mitten auf den Boden aus, wenn sie wieder nicht aufgeräumt war. Für fleißiges Verhalten gab es Belohnungen. Zwei Pfennige, oder ein

Fleißbillett in der Schule, dünn und zart, sogenannte Hauchbilderl. Das »Bitte«- und »Danke«-Sagen wurde zu jeder Gelegenheit heftig geübt. Manche Kinder mußten sogar danke sagen, wenn sie eine gefeuert bekamen, man muß ja froh sein, wenn einen jemand was lehrt.

Die Ausbildung für die harte Schule des Lebens war gar nicht schlecht. Für mich jedenfalls nicht. Wesentlich ist nicht die Methode, sondern das Resultat. Wir haben damals noch eine Marschrichtung bekommen und Proviant. Die Marschrichtung war, wie mir mein Vater ins Tagebuch schrieb: »Fürchte Gott und scheue niemand«, und als Proviant die Psalmen und Evangelien. Bei denen konnte man sich einhalten auf dem mühseligen Pfad. Man hatte ja als Kind keine Ahnung was kommt und in welch auswegslose Situationen man doch gerät. Das Fürchten ist man wohl gelehrt worden im Leben, aber auch das Kämpfen gegen die Furcht. Es stand ja in meinem Album auf der ersten Seite von meinem Vater geschrieben, wen ich fürchten soll und wen nicht. Die Richtung stand fest. Auch wenn man zuweilen vom Weg etwas abkam, so kehrte man doch immer wieder auf ihn zurück, weil man wußte, »daß da ein Weg ist«.

Unsere Theres machte sich also wieder einmal auf »ihren Weg«. Sie fuhr auf Eding hinunter und ich durfte mit. Dazu zog sie ihr schwarzes Seidenkleid an und setzte einen Hut auf mit vielen kleinen Blumen und einem Schleierlein vor dem Gesicht. In eine große Stoffhandtasche steckte sie eine Thermosflasche und Brote, denn wir durften ja kein Geld brauchen und mußten sparen. Für ein »Limonad« und einen Kaffee gab uns

mein Vater zwei Mark, das war schon sehr viel. So fuhren wir mit dem Zug um sechs Uhr in der Frühe nach Altötting.
Ich weiß noch, wie ich zum ersten Mal die Kapelle betrat. Ich war so aufgeregt und mein Herz klopfte mir zum Zerspringen. Als ich den prachtvollen Gold-Silber-Altar vor mir erblickte mit der schwarzen Madonna im funkelnden Edelsteinkleid und die großen Silberfiguren zu beiden Seiten, den heiligen Bruder Konrad und den Kurprinzen Maximilian Josef umstrahlt vom Glanz zahlloser Kerzen, wußte ich, der Himmel ist hier. Wo sollte der Himmel sonst sein. Etwas Schöneres und Heiligeres als diesen Ort kann es wohl nirgends geben. Das haben Herzöge, Kurfürsten und Könige schon gewußt, obwohl die doch herrliche Schlösser und Reichtümer hatten, aber eine schwarze Madonna, die hatten sie nicht. Die Theres machte mich auf die prachtvollen Silberurnen aufmerksam, in denen ihre Herzen aufbewahrt sind. Viele taten dergleichen nach ihrem Tod, König Max II., Ludwig der III. und seine Gemahlin Therese, die Königin Maria, Ludwig I., Max I. und Ludwig II. Die Theres sagte, unten im Boden wären noch viele Herzen von ganz großen Leuten, Grafen und Feldmarschällen und die Madonna trüge diese Herzen alle in sich, kein einziges sei verloren, sagte die Theres. Sie würde das ihre auch gerne niederlegen, aber für Dienstboten wäre kein Platz. Das tat mir sehr leid. Sie war doch so fromm.
Nachdem sie eine Weile gebetet hatte, ging sie hinaus und nahm ein hölzernes Kreuz. Es standen nämlich vor der Kapelle viele Kreuze. Holzkreuze, die man sich nehmen konnte, um damit um die Kirche herumzuge-

hen. Die Theres hatte eine unheilbar kranke Schwester, für die ging sie herum. Dreimal. Das letztemal rutschte sie auf den Knien dahin und ich lupfte das Kreuz, damit es ihr nicht zu schwer werden sollte. Voll Hochachtung schaute ich ihr dabei zu. Wir hatten als Kinder unglaublichen Respekt vor jedem Zeremoniell.
»Mit jedem Sensenhieb stirbt ein Mensch«, sagte mir die Theres und zeigte dabei hinauf zum Edinger Tod. Seit 350 Jahren schwingt das versilberte Holzgerippe über einer hohen Standuhr im Nordportal seine Sens! Früher hat man noch recht gut umgehen können mit dem Tod, im Gegensatz zu heut, wo man nichts mehr wissen will vom Weiterleben hinter dem schwarzen Vorhang. Man möchte den Tod gerne streichen, wenn das nur ginge, aber so leicht geht das nicht. Unsere Marschrichtung – wie schon zu Anfang gesagt – führte auf den Tod zu, durch ihn hindurch, in das bessere Land.

Deshalb wurden wir auch zum Opfer erzogen, weil uns gesagt worden ist, worum es geht. Wir mußten überwinden lernen, verzichten und teilen. Schon im Kindergarten wurde geteilt. Meine Mutter steckte mir immer so viel in die Umhängetasche, daß ich noch teilen konnte mit einem anderen armen Kind. Jeden Samstag durfte die Theres für mich eine Tafel Schokolade einkaufen, und am Montag habe ich sie in der Schule verteilt. Das Opfer bringen war eine ganz selbstverständliche Einstellung zum Leben, und ich überlegte immer, was ich opfern könnte, um das Jesuskind zu erfreuen.

Die Theres opferte in Eding ein Paar Strümpfe und offene Knie für ihre kranke Schwester daheim. Danach gingen wir in die Schatzkammer hinein. Ich bestaunte das »goldene Rössl« und darüber, in der Blütenlaube, Maria mit dem Kind. Der König Karl VI. von Frankreich kniet neben ihr und auf der rechten Seite sein Feldmarschall. Unter der Laube, zu der eine Treppe hinaufführt, steht der Knappe mit dem Pferd. Zahllose Rosenkränze und Ringe opferten damals die Menschen aus Dankbarkeit für Rettung aus einer Not! Anschließend gingen wir dann in die Stiftskirche. Das Hochamt hat immer sehr lange gedauert, aber man hat ja nicht einschlafen dürfen dabei. Vor allen Dingen nicht bei der Predigt oben auf der Kanzel, denn über die Predigt wurde man zu Hause genau ausgefragt. Wehe wenn man den Inhalt nicht wußte.

Die Theres – wenn man heut fragt, weiß sie noch ganz genau, wie es war in einem katholischen Haus: »Jeden Sonntag«, sagt sie, »haben wir Kinder ins Amt gehen müssen, ins 8-Uhr-Amt. Und nach dem Amt, wenn ma heimkomma san, hat's gheißn, so jetzt wird die Predigt erzählt, jetzt hab'n ma d' Predigt erzähln müssen und meistens, i' hab nimmer viel gwußt davon, und mei Schwester, die hat immer mehr gwußt, die hat besser erzählen können, da hab'n mir d' Predigt erzählen müssen und dann erst haben wir rauslaufen dürfen in den Hof. Na hats gheissn umziehen. Da haben wir gleich 's 'schöne Sonntagsgwand runtertun müssen. Des hätt's gar nicht geben, daß wir da den ganzen Tag Sonntagskleider anbehalten hätten dürfen. Und dann zum Mittagessen um 11 Uhr ist Essen gwesen und unser Vater hat auf ganz große Pünktlichkeit gschaut, punkt elf Uhr hat as Essen sei müssen, wehe, wenn's net fertig gewesen wär. Und dann ist z'erst bet' worden, vorher scho a ziemlich langs Tischgebet, und dann is zum Essen hingsessen wordn. Na hab'n ma g'essn und nach'm Essen, da hat's ja früher a ganz langs Familiengebet g'habt, des is uns Kinder halt viel zu lang g'wesen und dann hab'm ma mir Madln – mei Schwester und i, abspülen müssen und dann nach'm Abspülen hat alles hermüssen, mir san zu sechst gwesen, sechs Kinder san ma gwesen – dann hab'm mir alle um den Tisch numsitzen müssen. Der Tisch is vorm Hergottswinkel gestanden und dann is a dicks Evangelienbuch komma und dann hat ein's von uns vorlesen müssen. Meistens hat meine Schwester vor'glesen die hat recht guat lesen könna. Mei Bruder hat immer gsagt, geh, daß d' fei du vorliest, die Theres die lest so langsam, da gehts so lang her und na is Evangeli vorlesen word'n, des is oft lang ganga und am Schluß, hat der Vater noch sei Erklärung dazu geben und sei eigene Predigt dazu g'halten und des ist fast zwei Uhr worden. Und um 2 Uhr ist die Nachmittagsandacht angangen und da hat ma dann zur Nachmittagsandacht gehen müssen. Nach der Andacht sind mir dann heim, da hat's dann a Brotzeit gebn. A jed's hat a Zehnerl kriegt und i hab mir meistens an Wurschtzipfel kauft. Da hab'n ma dann Brotzeit g'macht und nach der Brotzeit da haben wir dann spazieren dürfen, aber um sechse am Abend hat alles daheim sein müssen. Auch die größeren Geschwister. Wehe, wenn man da net dag'wesen san. Um 6 Uhr is dann Abendessen g'wesen. Danach haben wir noch nauslaufen dürfen bis zum Gebetläuten. Aber beim ersten Schlag sofort heim. Da hätt's des nia geben, daß ma mir da no weiterspielt hätten. Hopp! und nei. Na is der Engel des

Herrn bet worden, dann hab'n ma d' Füß waschen müssen und nachad is ins Bett ganga.«
Manchmal hat mir die Theres ein Wasser warm gemacht zum Waschen, aber meistens mußte ich mich am Brunnen waschen. Eiskalt. Das ist gut zum Abhärten, wurde einem gesagt, und ein kleines Opfer dazu. Als ich noch ganz klein war, fing das »aufopfern« schon an. Da gabs Spinat oder Suppe, die man freiwillig nicht essen wollte. Der Teller wurde aber trotzdem geleert, denn man mußte jeden Löffel »für« jemanden essen. Ein Löffel für die Oma, für den Opa und so weiter für sämtliche Tanten und Onkel, Freundinnen und Nachbarn, bis nicht das kleinste Restchen mehr auf dem Teller verblieb. Mein Vater hatte da einen Spruch: »Wie man beim Essen ist, so ist man beim Arbeiten. Und der letzte Tag unseres Lebens muß wie ein leergegessener Teller aussehen.« Reste sollten nicht übrigbleiben, an Unbewältigtem, Unverstandenem, hat er gemeint. »Per aspera ad astra«, hat er immer gesagt. »Durch das Rauhe zu den Sternen«, denn er war ein Kämpfer gegen Widerwärtigkeiten jedweder Art.
Was habe ich unter seiner Strenge geächzt! Aber meiner Liebe für ihn hat das keinen Abbruch getan, ganz im Gegenteil, erst im Laufe des Lebens hat sich diese harte Erziehung zum Widerstand gegen das Schicksal bewährt. Bei Ungehorsam wurde mir eine Strafpredigt gehalten und es gab: Vergnügungsentzug. Kein »Kinogehen« oder »keinen Freundinnen-Besuch«. In hartnäckigen Fällen setzte es auch manchmal »etwas« ab. Auf den Hintern, ein paar mit der Hand. Das war allgemein üblich, niemand fand etwas dabei.

Die Theres erinnert sich, daß es bei ihr daheim auch ähnlich war: »Nie hat uns unser Vater auf'n Kopf g'schlagn, gar nie, weil er immer g'sagt hat, da könnt ma die Kinder wehtun oder wenn ma halt recht auftrieben haben, dann hat er a paar Mal g'warnt der Vatter, hat er gsagt ›Passt's auf, jetzt blüht's euch aber‹, dann is momentan wieder a Zeitlang a Ruah gwesen, aber mittendrin hat uns der Vater packt und über's Knia g'legt und richtig durchgewackelt. Und gschrian habn ma und dann hat er uns hing'stellt, ma hat si hinstellen müssen und er hat g'sagt: ›Jetzt bist still!‹ Ma hat unbedingt still sei müssen. Na hat man no a Zeit lang g'schluchzt und dann is ma still g'wesen. Dann hat er g'sagt: ›Schau Kind. Du hast jetzt Schleeg braucht. Ma hat di jetzt schlagen müssen, weil des war so und a so. Was werd' denn aus dir werdn, wenn man euch alles hingehn laßt? Der heilige Paulus hat gsagt: Wenn Du Dein Kind mit der Rute schlägst, so wird es davon nicht sterben, aber Du wirst seine Seele von dem ewigen Verderben erretten!‹ Ich kann mich aber nie erinnern, daß ich irgendwie bitter gewesen bin, oder ihn nimmer mög'n hätt, an Vatter. Des is ganz selbstverständlich gewesen, daß man jetzt g'schlagn worden san und er hat uns erklärt warum.«

Ein Leben ist drüber vergangen, bis mich der Weg wieder hinuntergeführt hat auf »Eding«. Ohne Theres. Ich wollte schauen, ob ich überhaupt noch was anfangen kann mit solch einem Ort, ob er mir noch etwas sagt. Wenn man nicht in den Spiegel schaut, kann man sich auch nicht sehen, und die Berührung mit alten Orten ist oft sehr wichtig, weil man dort erst erkennt, in welcher Weise man sich gewandelt hat in der

Zeit. Im Reliquienschrein ruhen in einer Wachsfigur die Gebeine des hl. Bruders Konrad. Einundvierzig Jahre lang hat er die Pforte im Altöttinger Kloster St. Anna versorgt, er hat das Brot an die Kinder verteilt und das Bier an die Wallfahrer aus München. Den Armen hat er das Essen gereicht und allen durch seine unendlich demütige Art ein Beispiel gegeben von einem tadellosen Menschen, der sich durch das Opfer bewährt. Damals hat es noch kein Wohlfahrtsamt gegeben, und die Armen kamen in Scharen an seine Pforte. Ungezählt sind die Brotlaibe, die er in das Armenstüberl geschleppt hat und dort verteilt an Scherenschleifer, Zigeuner, Arbeitslose, Handwerker, Alte und Kranke, an Vagabunden und Bettler, Strolche und Tagediebe, ohne Rücksicht zu nehmen auf ihre Weltanschauung, ohne ein Warten auf Dank.

Heilige sind beispielgebend für unsere Welt. Die innere Haltung des einfachen Kapuzinerbruders besagt: daß man immer dann unglücklich wird, wenn man ans Geben Erwartungen knüpft. Die Heiligen kennen den Trick wie man das ganze Leben in einzige Freude verwandelt, nur wir wollen absolut nicht daran glauben, daß es so ist! Da quälen wir uns lieber ein Lebtag lang mit hunderttausend Problemen herum, als daß wir den Trick nachmachen würden.

Ich stehe vor der bärtigen Wachsfigur und ich weiß, der, den sie darstellen soll, der hat recht. Der war wie die Sonne, die auch auf alles herunterscheint und nicht fragt, wen sie trifft. Altötting hat seinen heiligen Glanz in mir bewahrt. Es liegt in uns selbst, ob wir die Strahlen empfangen können, und Gnadenorte sind Gradmesser dafür. Ganz gleich, wo auf der Welt sie sich immer befinden. Lourdes, Fatima, La Salletta und Assisi haben alle ihr ganz persönliches »inneres Licht«. Aber es ist ein gemeinsames Band, das einen Ort mit dem anderen verknüpft. Auf diesem Band stehen die Worte »Amor post fata superstes« – Das Leben vergeht, aber die Liebe reicht über das Leben hinaus. Dieser Satz steht auch auf einer der silbernen Urnen in der Kapelle, die das Herz eines Wittelsbachers umschließt. »Amor post fata superstes«, das ist die Fahrkarte in den höheren Bereich. »Amor post fata superstes« – das ist die tödliche Waffe gegen den Tod.

Unsere Waschfrau, die »Blab«

In unserem Altmünchner Haus stand im Hof eine Baracke, Waschhaus genannt. Dieser kleine Ziegelbau war mit Dachpappe belegt; er wurde in jedem Frühjahr neu geteert. Das Waschhaus war in die Hofecke gebaut und von Aschentonnen umstellt. Jede Familie besaß einen Schlüssel zu diesem »Palais«. An einem ganz bestimmten Tag konnte einer seine Wäsche waschen da drin: nachdem in unserem Haus nur Familienangehörige wohnten, sprach man sich einfach ab. Meine alten Tanten benutzten es nie, und so war das Waschhaus selten belegt, außer durch uns.
Unsere gute Theres hatte mit Kochen und Putzen schon reichlich zu tun, darum kam die Frau Blab. Montag früh 5 Uhr fing sie schon an. Sommer und Winter wurde montags gewaschen, im Monat zwei Mal. Wenn auch dichte Schneeflocken durch die Finsternis trieben, brannte dort Licht. Der schwache Schein einer Petroleumlampe drang durch die Eisblumenfenster, und um den Schornstein taute der Schnee. Die Frau Blab hatte Feuer gemacht. Unter dem Kupferkessel zischte das Holz. So feucht es auch sein mochte, die geduldige Frau setzte es dennoch in Brand. Im Waschhaus, das so niedrig war, daß man mit der Hand die Decke berühren konnte, standen auf Holzpfählen zwei Schäffel. Auf dem Boden gab's noch eine Zinkwanne, die war zum Baden gedacht. Wenn näm-

lich ein Rest heißes Wasser verblieb, badete ich. Was für eine Gaudi war so ein Bad! Das Hemd ließ ich an. Es hätte ja jemand hereinkommen können, denn zusperren konnte man nicht. Meine Zöpfe wurden patschnaß, so wild rutschte ich rein. Zwanzig Mal hintereinander, von der schrägen Kopfseite herab, mit Geschrei, mit Vergnügen – durch den Seltenheitswert.
Die Blab brachte Seife zum Waschen und Bleichsoda mit. Die Seife kochte sie selber aus Knochen, die waren vom Metzger geschenkt. Mit einem Messer schnitzelte sie die Kernseife auf und warf sie handweise in den Kochkessel hinein. Waschpulver lehnte sie ab. Sie sagte, das sei alles ein Dreck und »macht die Wasch bloß kaputt«. Oft im Halbschlaf hörte ich ihr Gebürste, da wußte ich, daß es Montag war, 5 Uhr früh.
Die Blab war damals wohl schon Ende der Vierzig. Wir waren nicht die einzige Familie, wo sie zum Waschen hinging, das hätte ihr zum Leben ja nicht gereicht. Ihr und dem Sohn, dem Hansel, der ihr »Sargnagel« war. Ein Faulenzer, Trinker, alles Üble in einer Person! Demutsvoll trug sie auch ihr schreckliches Los, ihre Epilepsie. Die »hinfallerte Krankheit«, wie sie es nannte, hatte sie mit 23 bekommen, ganz über Nacht.
– Ich seh' sie noch genau vor mir: Ihr schwerer Körper ist aufgedunsen und bleich. Auch im Gesicht ist sie wie Wachs. Eine schneeweiße lockige Mähne umrahmt ihr Kindergesicht, in dem blaugrüne Augen strahlen, mit lauterem Blick. Der runde Kopf sitzt direkt zwischen den Schultern, und beim Waschen bindet sie ein Küchentuch über das Haar. Mit hochgekrempelten Ärmeln, die lange Gummischürze um die

Hüften geknüpft, rubbelt sie auf der Raffel Flecken und Schmutz. Drei ihrer Kinder sind ordentlich, brav. Ihr Georg ist Lehrer geworden. Auch schon verheiratet, 's geht ihm gut. Manchmal an Weihnachten sehen sie sich. Hin und wieder kommt ein Geschenk. Eine Wolljacke oder ein Heiligenbild. Und eine Tischdecke hat er einmal geschickt. Ja, der Georg ist brav. Auch die Maria. Sie kann halt nicht schreiben, wegen dem Mann. Er will nichts zu tun haben mit ihr. Weil er in einer Bank arbeitet, als ein Beamter. Sie weiß, warum die Maria nicht schreibt! Kann's ihr verzeihen. Es ist ihr lieber so, als daß es wegen ihr Ärgernis gibt. Da verzichtet sie drauf. Die Kinder hätt' sie halt so gerne geseh'n. Aber sie bringen sie nicht. Obwohl sie strickt für die Kleinen. Einmal haben sie ein Foto geschickt, wo sie drauf sind mit ihrem Jäckchen am Leib. Die Fotografie trägt sie immer im Seitenfach von ihrem Geldbeutel herum. Manchmal schaut sie sie an, schaut nach, ob sie noch da sind, die Kinder! Manchmal zeigt sie sie her. »Das sind meine Enkelkinder«, sagt sie dann stolz, und wer ihr dabei nicht in die Augen schaut, könnte glauben, daß sie eine glückliche Großmutter ist.
Doch das trügt. Sie hat nichts von den Kindern. Nie kommt eins zu ihr. Manchmal nimmt sie am Sonntag-Morgen schon früh die Straßenbahn, steigt in den Zug und fährt über Land. Sie muß ihn doch manchmal besuchen, den Karl. Er ist eben auch eins von den vieren. Gleich nach der Geburt ist er ihr weggenommen worden, fort in ein Heim. Der Karl kann weder sprechen noch sehen. 18 Jahre lebt er schon in der Anstalt. Organisch gesund. Wenn sie kommt, spürt er genau, die

Mutter ist da, und klammert sich ganz verzweifelt an sie. Da ist ihr immer, als ob's ihr das Herz zerreißen tät, wenn sie gewaltsam seine Arme loslösen muß. Aber daheim kann man den Karli nicht haben. Sie hat es einmal probiert. Es ging nicht. Er fällt immer hin, stößt sich an, tut sich weh, wenn nicht andauernd jemand neben ihm ist. Einmal im Monat fährt sie hin zum Besuch, mit einer Tasche voll Obst und Schokolad'. Den Schokolad' mag' er gern. Wenn sie am Sonntag abend heimkommt, ist sie immer ganz hin. Seelisch vollkommen kaputt. Dann sitzt der Hansel da mit einem Rausch. Hat das Radio aufgedreht und raucht eine Zigarette nach der anderen. Von hinten bis vorn hat er gelbe Finger, weil er schon raucht seit seinem vierzehnten Jahr. Der Hansel macht ihr mehr Kummer als der Karl. Beim Karl hat sie sich abgefunden, der Herrgott wird wissen, warum er so ist, aber der Hansel! Der wäre doch vollkommen gesund? In keiner Schul' ist er blieben, nichts lernen hat er mögen, absolut nichts. Was für Lehren hat sie nicht alle probiert, Schreiner, Metzger, Verkäufer – nach ein paar Wochen lief er immer davon. Kartenspielen und Wirtshaushocken, das war sein Leben. Zum Essen kam er immer nach Haus. Er war ein zaundürrer Kerl, dünnes hellgelbes Haar, eingefallene Wangen und ein schmaler, verkniffener Mund. In seinem Gesicht war ständig ein hämisches Grinsen, so als ob er sich über alles nur lustig machen tät, hauptsächlich über fleißige Leut'. –
Die Blab hat im Rückgebäude eines alten Hauses zwei Zimmer. Ein Mensch allein hätt' sich schon kaum umdrehen können und zwei – die treten sich gegenseitig fast auf die Füß'. Wenn die Mutter am Abend todmüd'

vom Waschen heimkommt, kocht sie noch für den Sohn. Er beklagt sich, daß er den ganzen Tag noch kein Essen gehabt hat und am Hinwerden sei. Da macht sie ihm halt eine Kartoffelsuppe, weil er die mag. Erbswurstsuppen ißt er auch gern, mit Würsteln drin. Sie hat immer noch Hoffnung. Eine Mutter gibt nicht so schnell auf. Sechsundzwanzig Jahr ist der Hansel, sechsundzwanzig Jahr ernährt sie ihn schon. Wie ihr Mann verunglückt ist, war er noch klein. Bei der Trambahn hat der Mann gearbeitet als Elektriker. Einmal am Abend standen plötzlich zwei Uniformierte in ihrer Tür. Sie hat aufgemacht, und sie hatten die Mützen heruntergetan. Der eine hat seinen Handschuh heruntergezogen von seiner Hand und hat dann gesagt, daß die Städtische Straßenbahn sehr bedauert, einen so braven und ehrlichen Mitarbeiter verloren zu haben. Das war ihr Mann. Ein feuchtgewordenes Kabel in einem Loch hat seinem Leben ein Ende und sie zur Witwe gemacht. Neun, zwölf und fünfzehn waren damals die Kinder. Der Karl zählte in diesem Fall nicht. Für den sorgte der Staat.
Aber die anderen drei! Niemals reichte die Rente für die, zumal der Georg in die Oberschule wollt'. Lehrer wollte er werden. Da hat sie ganz einfach gewaschen, Wäsche von anderen Leuten! Das Waschen, das Arbeiten, darüber beklagte sie sich nicht. Aber die Epilepsie, mit der hatte es eine ganz merkwürdige Sache auf sich. Es war nicht einfach so eine Krankheit, die man so kriegt... Die auftaucht an einem Tag, und man weiß nicht woher. Die Blab war ganz fest davon überzeugt, daß sie weiß, woher sie es hat. Den Ärzten gegenüber hat sie immer geschwiegen, sie wußte

schon, daß ihr niemand recht glaubt. Aber wie es wirklich zugegangen ist, wußte nur sie.
Einmal hat sie die Geschichte unserer Theres erzählt, und die wiederum erzählte sie mir unter dem Siegel der Verschwiegenheit. Ich durfte bei den Eltern nichts davon verlauten lassen, weil die Blab sonst für verrückt erklärt worden wär. Von der Epilepsie wußten zwar meine Eltern, aber sie waren beide nüchterne Menschen und Übersinnlichem fern. Die Blab besaß, als sie heiratete, ein kleines Kolonialwarengeschäft. Das hatte sie von ihrem Vater geerbt. Da verkaufte sie vom Reisigbesen über Schmierseife und Marmelade alles, was es so gibt. Heute gibt es solche Geschäftchen noch sehr vereinzelt, aber die Waren sind alle verpackt. Früher war vieles nur offen zu haben, und die Kundschaft feilschte um Zuwaagen herum. Die Blab war eine ehrliche Frau und wog viel zu gut. Außerdem ließ sie es zu, daß man wochenlang anschreiben durfte, ohne zu zahlen. Da war eine Frau. Dieser Frau gingen die Leut' aus dem Weg. Sie hatte einen schwarzen Schnurrbart herum um den Mund und ihre Augen waren winzige Punkte, stechend und bös. Traf man auf sie, wendete man ganz automatisch den Kopf vor ihrem Blick. Der Sohn dieser Frau war verliebt in die Blab. Die zeigte aber an ihm nicht das allergeringste Interesse. Sie verabscheute ihn. Die Frau mit dem Schnurrbart war eine Kundin von ihr. Wenn sie erschien, bekreuzigte sich die Blab verstohlen, wenn sie das Mehl abwog für die. Es war dann etwas Ungutes zu spüren im Laden, eine Art von Gestank. So genau konnte sie nicht einmal sagen, was es denn war. Aber hernach öffnete sie immer lange die Tür. Diese Frau

hatte die schlechte Gewohnheit, anschreiben zu lassen. Manchmal verschwand sogar auf undurchsichtige Weise der Zettel aus dem Buch, und man konnte sich nicht erklären, wie das geschah. Kurz nachdem die Blab geheiratet hatte, kam diese Frau. Sie war voller Haß, beleidigt wegen dem Sohn. Monatelang stand ihre Rechnung schon offen im Buch. Die Blab war sehr hübsch, drall, freundlich, gesund, lustig und voller Geduld. Aber einmal riß ihr nun doch dieser endlose Faden, und sie forderte ihr Geld von dieser Frau. Energisch betonte sie, daß sie doch auch leben müßte, und, wenn alle Kunden so wären, sie das Geschäft zumachen könnte! Die Frau ging wortlos hinaus. Wochen vergingen, dann eines Tages tritt sie herein in die Tür. Öffnet die Tasche, holt ein paar Scheine heraus, wirft sie der Blab ins Gesicht, faucht: »Das Geld ist für deinen Doktor, denn ab jetzt bist du nie mehr g'sund«. Dann verschwindet sie schnell, und die Blab steht da, starr und mit zitternden Knien. Sie kanns nicht erwarten, bis ihr Mann nach Haus kommt.
Die halbe Nacht redet er auf sie ein. Doch der Schreck sitzt zu tief. – Bis zu dem Tag war sie vollkommen gesund. Außer einer Erkältung hie und da hat ihr nie was gefehlt. Warum sollte sie krank werden? Nichts sprach dafür. Am anderen Tag gab sie sich redlich Mühe, das Geschehene zu vergessen, aber mit dem Bemühen wuchs nur die Angst. Bald schon konnte sie überhaupt an nichts anderes mehr denken. Oft im Schlaf fuhr sie hoch aus einem düsteren Traum, und ihr Mann machte Licht und tröstete sie. Sie war damals schon in der Hoffnung, und der Arzt meinte, daß es die Schwangerschaft sei. In der Küche beim Kochen

ist es dann passiert. Es war die Nachbarin da. Auf einmal wird die Blab ganz steif, starrt zur Türe, verliert das Bewußtsein und fällt auf den Boden, Schaum war am Mund. Von da ab begann die verzweifelte Suche, die verlorene Gesundheit wiederzufinden. Sie führte über zahlreiche Wartezimmer von Ärzten, Laboratorien und Analysen, bis die Blab schließlich aufgeben mußte. Zehn Jahre hat sie gehofft, dann hat sie sich abgefunden damit. Einmal war sie in Lourdes, hat heiliges Wasser mit nach Hause gebracht, danach war es gut, fast ein Jahr. Aber auf einmal fiel sie doch wieder hin.

Trotzdem hat sie immer gearbeitet, immer verdient und vier Kinder geboren. Der Arzt meinte, die Krankheit vom Karl käme nicht durch die Epilepsie. Aber über die Krankheit wüßte man leider sehr wenig. Im Altertum hat man sie heilig genannt. Warum? Weil sehr viele brave Leute befallen werden von ihr. In den Häusern, wo die Blab zum Waschen hinging, wußte man's auch. Die Theres schaute darum öfter mal nach, drunten im Waschhaus, ob sie doch nicht etwa hingefallen war. Aber nie. Die Anfälle kamen meist in der Nacht, oder wenn sie sich sehr aufgeregt hat, wegen dem Hansel zu Haus. Im Rausch drohte er ihr. Sie war aber ganz ohne Furcht, pflanzte sich breitbeinig vor ihm auf und tat ihm Bescheid. Ausdrücke gab sie ihm nie. Sie fragte ihn nur zum tausendsten Mal, ob er sich denn nicht schämt. Das leider nicht. Der Hansel wußte nicht einmal, was sie da meinte. Ihn bedrückte nicht, daß seine Mutter zum Arbeiten ging, während er soff. Was sollte er arbeiten, wenn's ihm nicht lag? Oft hat er's probiert. Mörteltragen am Bau oder Papier-

einpressen in der Fabrik. Lauter so Zeug. Dreckig wird man und müd'. Zigarettengeld kriegt er immer von ihr, Biergeld auch. Das andere verdient er mit Kartenspielen dazu, manchmal dreht er auch was. Sie weiß davon nichts.
Unser Parterrefenster war vergittert. Aber trotzdem waren einmal Einbrecher da. Die Stäbe waren eines Morgens verbogen, die Scheiben eingedrückt. Und meinem Großvater fehlte die goldene Uhr. Er dachte angeblich an den Sohn von der Blab. Ein wildfremder Mensch kam nicht in Betracht. Sagen wollte er nichts. Die arme Frau Blab! Wo sie doch so anständig war und sich redlich plagte fürs Geld. Darum machte er auch keine Anzeige. Ließ es, wie's war. Nur die Uhr hat von da ab gefehlt. Später hat sich mein Großvater furchtbare Vorwürfe gemacht. Die Tragödie hätte vielleicht verhindert werden können, wenn der Hansl damals schon ins Gefängnis gebracht worden wär. Sicher nicht. Das Schicksal nimmt seinen Lauf, und der Verstand kommt niemals dahinter, warum. Vieles ist vorbestimmt. Manches nicht. Aber Gerechtigkeit waltet in allem, nur wird sie oft nicht erkannt. Manches wird abgerechnet hier auf der Welt, manches danach. Abgerechnet wird immer, so oder so.
Einmal am Montag um 5 Uhr kam die Blab nicht. Das Waschhaus blieb leer, und der Berg ungewaschene Wäsche lag abends noch da. Die Theres wunderte sich und mit ihr die ganze Familie. Immer war sie doch pünktlich erschienen, auch krank. Selbst der Hansel ist nicht gekommen, Bescheid zu geben von ihr. Erst am Dienstag früh wußten wir's dann. In allen Geschäften standen die Leut und redeten über die Blab. Eine

solche Tragödie war in der damaligen Zeit eine Sensation. Stand beispiellos da. Die Zeitungen brachten Schlagzeilen davon, und wochenlang flaute das Interesse daran nicht ab. Besonders unsere Theres war jetzt interessant. Sie kannte die Blab. – Es ist am Sonntagabend passiert. Der Hansel hatte schon seinen Rausch. Er war sternhagelvoll und wollte doch noch ein Bier. Obgleich er schon nicht mehr stehen konnte, plagte er sie. Den Steinkrug in seiner Hand stand er vor ihr. »Wannst mir koa Bier raufholst, dann derschlag i di jetzt«, lallte der Hans. Wieder war die Blab ohne Furcht. Wollt sich grad' bücken, ihm die Schuh auszuziehen, da schlug er zu. Einmal nur. Mit dem Krug. Er traf sie mitten am Kopf. Sie fiel um und war tot. Der Hansel nahm seinen Krug, ging aus dem Haus, ließ die Tür offenstehen. Nachbarn fanden die Blab. In zehn Minuten war der Hansel in Haft. Er gestand. Weinte, wußte von nichts. –

Unsere Theres ging auf den Friedhof hinaus. Ich durfte mit. Die Leichenhalle war voller neugieriger Leut, die wollten sie sehen, die Blab. Eine ehrliche Frau, eine Mutter, ermordet vom Sohn. So was sieht man nicht oft. Es stand der ganze Lebenslauf von der Blab in der Zeitung, überall hat man gefragt. Ihre Kunden wußten nur das Beste von ihr zu berichten. Hausleute nannten sie eine Märtyrerin. Am Hansel ließ niemand ein gutes Haar. Wir mußten der Reihe nach anstehen, um sie zu sehen. Endlich kamen wir hin. Mein Herz klopfte aufgeregt, neugierig war ich denn doch. Ihr Kopf war verbunden. Und um den Verband war ein weißer Schleier gesteckt. Sie trug ein schwarzseidenes Kleid. Im Gesicht war kein Schrecken zu sehen. Schmerzen und

Leiden waren von ihr genommen, wie die Mutter der großen Vergebung schaute sie aus. Ein winziges Lächeln spielte um ihren Mund, gab Kunde von jenen Räumen jenseits der Zeit.
Wir wurden schnell weitergeschoben, und plötzlich kam Unruhe in die Menge hinein. Zu unserem Schreck wurde der Hansel gebracht. Zwei uniformierte Beamte führten ihn an Handschellen daher. Sogar einen Sonntagsanzug hatte er an. Mit schwarzer Krawatte. Sie zerrten ihn durch die Leute, hin vor den Sarg. Einige versetzten ihm einen Puff, und eine Frau trat vor ihn und spuckte ihm ins Gesicht. Die Beamten verbaten sich das und schafften Platz. Schließlich konnte man einem Sohn nicht verwehren, die tote Mutter zu sehen. Das Ganze glich mehr einem großen Unglück als einem Mord. Der Hansel lehnte seinen Kopf an das Glas und schaute sie an. Dann stöhnte er wie ein angeschossenes Tier und fiel um. Die Beamten hätte er bald mit zu Boden gerissen, er hing ja an ihnen. Sie mußten ihn aufrichten, stützen und schleppten ihn hinterdrein hinterm Sarg. Der Pfarrer sprach vom Vergeben. Die Mutter hätte ihm sicher verziehen, also müßten auch die Leute es tun. Er sprach von der irdischen und der himmlischen Gerechtigkeit, und daß einer froh sein darf, wenn er hienieden schon büßt. Nachher sahen wir den Hansel in einem Polizeiauto verschwinden. Zeiserlwagen nannte man den. –
Das Waschhaus blieb von da an leer. Es kam eine andere Zeit. Man ging dann zum Waschen, Mietwaschküchen kamen nun auf. Dort schrieb man sich ein. Maschinen übernahmen den ganzen Prozeß. Erst gab's

nur eine Trockenschleuder, dann kam die heutige Waschmaschine hinzu. Schmierseife verschwand. Bleichsoda auch. Selten wurde noch Seife selber gekocht. Waschfrauen wurden zu Reinigungsdamen, niemand rubbelte mehr mit der Hand Flecken und Schmutz in einem Waschhaus um 5 Uhr in der Früh. Niemand macht jetzt mehr Feuer mit feuchtnassem Holz. Niemand sagt mehr den Satz nach getaner Arbeit: »Geben S' mir halt was Sie woll'n.« Heut' wird »verlangt«. Ansprüche werden gestellt. Nicht die kleinste Verrichtung macht man umsonst. Einfachheit, Demut, solche Begriffe gehören in vergangene Zeiten. Die Menschheit ist krank, sie leidet unter sich selbst. Unter ihrer Unmenschlichkeit. Einer ist heut' des anderen Feind. Nirgends find't sich Vertrauen. Überall wird gerechnet, getippt. Bescheidenheit wird als Dummheit vermerkt, Ehrlichkeit auch. Darum gab's wohl noch nie so viel schmutzige Wäsche wie heut'. All die nach außen so intensiv betriebenen Weißmach-Versuche können nicht hinwegtäuschen über den Unrat in uns. Strahlende Wäsche ist wichtiger als ein strahlendes Herz. Saubermachwahn hat die Menschen erfaßt. Es ist ein Gefege und Waschen wie's niemals war noch zuvor. Tonnenweise wird die Erde »verweißt«. Der Schaum dringt hinunter bis an die Pforten der Hölle, die noch nie so voll war wie heut'. Aber den größten Zugang erwartet man noch. Er steht noch bevor. Denn wenn die äußere Ordnung mit der inneren so im Widerspruch steht, dann kann man erwarten, daß eine Wende geschieht, daß sich die Waagschale senkt. –
Von der Frau Blab bin ich doch nun auf unsere

Menschheit von heute gekommen, mit der großen Kontaktlosigkeit und der Angst. Die Furcht kommt von der Einsamkeit und die Einsamkeit kommt vom Mißtrauen. Wie man noch weniger mißtrauisch war, war man noch viel mehr geschützt. Heut' fürchtet einer den anderen, nichts ist mehr wahr. In den Betonblöcken wohnt keine Geborgenheit mehr, kalt und anonym gehen die Leut grußlos aneinander vorbei. Alles ist aus dem Leim. Das Unterste ist zuoberst gekehrt. Jeder Narr spielt den Herrn. Aber wie man sieht, bringt das nichts, der Mensch ist nicht froh. Darum werden wohl wieder Dinge geschehen, die verändern und uns wieder Bescheidenheit lehren. Vielleicht muß bald wieder jeder lernen, wie man Schmierseife macht? Vielleicht wird sich mancher gern in ein Waschhaus stellen um fünf in der Früh und Feuer anmachen mit feuchtnassem Holz, wenn es solches noch gäbe! Denn das Holz kommt vom Baum, und den Baum muß man fällen; aber fällen mit der Hand! Für den Fall, daß es keine Elektrizität mehr gibt, keinen Strom, müßten Äxte heraus und die Saag! Da müßte sich auch einer wieder mit dem anderen verbinden. Alle kämen wir wieder miteinander in Kontakt. Aber was halt im Innern noch übriggeblieben ist von uns Menschen? Ob's dann noch Leut' gibt, die nach vollbrachter Dienstleistung sagen: »Geben's mir halt, was sie meinen«, so wie die Blab – ganz sicher nicht.

Die Hausschneiderin

Sie kam jeden Monat für zwei Tage ins Haus. Ihr Name war Fräulein Fischer. Wo sie herkam, wußte ich nicht. Meine Eltern sagten, daß sie aus dem Sudetenland wäre, aber ich konnte mir darunter nichts vorstellen. Sie muß etwa um die sechzig gewesen sein und war sehr dick. Ihren wuchtigen Körper hüllte sie immer in sehr feine, blaugraue Seidenstoffe, und am Ende des vornehmen Ausschnittes oder am Anfang, wie man es nimmt, trug sie eine goldene Nadel mit kleinen Brillanten darauf. Um ihr rosarotes, freundliches Gesicht strahlte ein Wald feingelockter schneeweißer Haare, und ihre Augen zeugten von einem außerordentlich freundlichen Wesen, das sich dahingehend auswirkte, daß in ihrer Anwesenheit niemand einen Streit zu beginnen vermochte. Selbst unsere Theres respektierte das Fräulein Fischer und klapperte nur halb so laut mit den Tellern herum wie sonst. Sie hatte sehr weiche und feine Hände, die in ihrer Kleinheit nicht zu dem Körperformat paßten, und an die beiden Ringfinger hatte sie zwei zarte Ringlein gesteckt.

Das Fräulein Fischer war leidend, sie hatte die Wassersucht. Davon waren ihre armen Beine schrecklich geschwollen, und es war mir strengstens verboten, auf diese Beine zu schauen. Das war ein Fehler, mir derartig heftig das Hinschauen zu verbieten. Denn nun mußte ich unentwegt schauen, ohne Verbot hätte ich

vergessen darauf. Sie führte ihre Krankheit auf ihren seelischen Kummer zurück, denn sie litt, wie sie sagte, daß sie keine Kinder bekam und keinen Mann. Sie ist dann Hausschneiderin geworden, um in Familien zu sein. Verwandte hatte sie keine und lebte schon seit der Inflationszeit in unserer Stadt.
Erst fünfzehn Jahre später kam sie zum ersten Mal in unser Haus. Sie wurde meiner Mutter empfohlen. Damals wohnte sie zur Miete in einem kleinen Zimmer mit einem Wellensittich als Freund. Wir hatten auch einen Wellensittich, der sehr aufgeregt war, wenn das Fräulein Fischer nähte vor seinem Käfig. Wenn ich das Türl aufmachte, flog er heraus und setzte sich in ihr strahlendes Haar. Sie ließ sich das gerne gefallen, hob ihn auf ihren Finger und führte seinen Schnabel sanft an den Mund. Dann sagte sie etwas in ihrem sudetendeutschen Dialekt, und nachdem sie ihm mehrmals über die Wange gestreift hatte, setzte sie ihn wieder auf ihren Kopf. Pünktlich um halb acht Uhr betrat sie das Haus. Ich half ihr beim Mantelausziehen. Sie fragte dann, ob wir einen Kleiderbügel hätten für ihren Mantel, und ich mußte einen aus dem Schlafzimmerschrank holen. Dann hängte sie den Mantel darüber. Das tat niemand bei uns. Mein Vater warf ihn hin wo er wollte, und die Theres räumte ihn in den Schrank. Meine Mutter hängte den Mantel an den Garderobenhaken, und ich machte einen Knäuel aus dem meinen.
Das Fräulein Fischer war wohl aus sehr feinem Haus, daß sie so ordentlich gewesen ist. Auch beim Mittagessen steckte sie sich die Serviette hinter die goldene Nadel und aß vollkommen stumm. Das Brot brach sie in ganz kleine Stückchen, die sie vornehm zum Munde führte.

Wenn es an jenem Montagmorgen um halb acht Uhr läutete, war das Programm bereits fertiggestellt. Man sagte bei jedem Riß oder fehlenden Knopf, »das macht das Fräulein Fischer«, und so war in diesen zwei Tagen eine Menge zu tun. Zuerst erledigte sie die kleineren Sachen, Häkchen, Knöpfe, abgerissene Schürzenbänder und Aufhänger, nähte das Mantelfutter wieder fest; darin bestand aber nicht ihre Haupttätigkeit. Meine Mutter ließ sich ihre Sachen vom Fräulein Fischer machen und selbstverständlich auch ich. Ich habe niemals etwas aus einem Kaufhaus zum Anziehen bekommen. Bei uns wurde alles zu Hause gemacht. Man kaufte den Stoff, und das Fräulein Fischer machte den Schnitt. Sie hatte einen Grundschnitt dabei, nach dem arbeitete sie. Meine Mutter ging nicht sonderlich nach der Mode, so hatte es das Fräulein Fischer nicht schwer. Sie arbeitete grundsolide, ganz ohne Chic. Die Innenverarbeitung war so gewissenhaft ausgeführt, daß sie jeder Kritik standhalten konnte, und ihre Sachen waren alle für die Ewigkeit gemacht. Es war alles zu weit, paßte schlecht und war von trostloser Langweiligkeit! Traurigerweise waren all meine Kleider vom Fräulein Fischer gemacht, aus den abgelegten Kleidern meiner Mutter. Wenn ich heute meine Fotografien aus dieser Zeit ansehe, kehren die alten Unlustgefühle wieder zurück. An ein paar Sachen erinnere ich mich noch ganz genau:

Da war ein Schlittschuhrock. Im Winter gingen meine Großmutter und ich nämlich immer zum Nymphenburger Kanal. Schlittschuhlaufen, wenn's ging. Sie wartete auf mich an dem Stand, wo es das Heißgetränk gab. Wenn ich eine Pirouette zu drehen versuchte, schrie ich laut, sie sollte herschauen. Wenn ich dann fiel, machte sie eine bedauernde Geste und wartete weiter auf mich. Das Schlittschuhfahren machte gar keinen Spaß wegen dem Rock. Es waren am Kanal nämlich damals schon viele Mädchen perfekt im Kostüm. Lange Strumpfhosen, echte Schlittschuhstiefel und winzige Röckchen, die Wellen machten, wenn man sich dreht, waren keine Seltenheit mehr. Jeder hat heut so ein Röckchen, es erzeugt keine Sehnsucht mehr, die ganz unerfüllbar erscheint. Damals, vor vierzig Jahren, war das nicht so. Ich dachte, nur eine Millionärin trägt so einen Rock. Ich hatte ein scheußliches dunkles Trainingskostüm, und die Hose war um die Skistiefel geschnürt. Die Schlittschuhe waren mit einem Schlüssel verschraubt und gingen andauernd ab. Oben trug ich ein rotweiß gehäkeltes Jäckchen von meiner Großmutter und auf dem Kopf eine Tellermütze in Rot. Links und rechts hing mir ein Zopf über die Ohren, der beim Pirouettenmachen um das Gesicht herumflog. Kurzum, ich fühlte mich als ein Ausbund an Häßlichkeit, wenn ich die Eisprinzessinnen sah.

So bettelte ich meine Mutter sehr lange Zeit – mindestens zwei bis drei Jahre – um einen Rock. Das Fräulein Fischer mußte ihn machen, endlich war es soweit. Im Winter des Jahres 1936 fanden Verhandlungen statt, bei denen auch mein Vater zugegen sein wollte. Es ging zum ersten Mal um den Einkauf von Stoff. Das Fräulein Fischer meinte, man müßte schweren Seidenstoff nehmen, um das Herumfliegen zu garantieren. Ich beschrieb ihr immer wieder, wie der Rock aussehen sollte. Dabei drehte ich mich wie rasend im

Wohnzimmer herum. Das Fräulein Fischer sagte, daß sie schon lange verstanden hätte, und mein Vater legte zehn Mark auf den Tisch. Bei Sondereinkäufen mußte man fragen, manches lehnte er ab. Meine Mutter meinte, ein Meter müsse genügen, aber das Fräulein Fischer hat das verneint. Der Stoff müsse schief zugeschnitten werden, und es fiele viel ab. Als mein Vater das Wort »Abfall« vernahm, wollte er das Geld wieder zurück. Meine Mutter fing an zu weinen und meinte, es sei töricht gewesen, vor meinem Vater von Abfall zu sprechen, damit wäre die Sache geplatzt! Ich stampfte auf mit den Füßen, sprang auf den Diwan und hüpfte herum, daß das Seegras herausfiel und die Theres mir ein paar Ohrfeigen gab: sie hatte unter dem Diwan vor einer Woche erst gründlich geputzt. Dem Fräulein Fischer war diese Szene sehr peinlich, und wir fürchteten, daß sie nun überhaupt nie mehr kommen würde zu uns. Deshalb steckte meine Mutter schnell ihr Taschentuch wieder ein und fragte, ob sie eine Tasse Kaffee machen solle für sie. Das Fräulein Fischer verneinte. Aber ich wurde zum Bäcker geschickt. Amerikaner sollte ich holen, weil sie die gerne aß. Dann wurde beschlossen, meine Mutter würde von ihrem eigenen Geld den Stoff für den Schlittschuhrock kaufen, und zwar nicht sofort. Es sollte der Stoff dann zugleich auch für Weihnachten sein.

Unter dem Christbaum lagen mehrere Sachen. Darunter auch etwas, von dem ich annahm, es würde meiner lieben guten Großmutter gehören. Als man es mir mit bedeutungsvollem Gesichtsausdruck übergab, erkannte ich, daß es ein erdbrauner Seidenstoff war. »Für den Schlittschuhrock«, sagte meine Mutter, und mein Va-

ter setzte ergänzend dazu: »daß es mir ja keine Abfälle gibt!« Ich legte mit finsterer Miene den braunen Stoff auseinander und sagte, daß er mir gar nicht gefällt. Ich wollte ihn rot, grün oder blau. So einen Stoff wollte ich nicht. Meine Mutter sagte, daß ich sehr undankbar sei, und mein Großvater pflichtete bei und meinte, daß sich ein unverschämter Charakter schon früh offenbare. Mein Vater erhob seine Stimme und brüllte, daß er auf keinen Fall noch ein zweites Mal Geld für solch einen Luxus ausgeben würde und ihm das ganze Unternehmen als totaler Größenwahnsinn erscheint! Ich könnte doch nicht einmal laufen, wozu da ein Rock? Immer diese haarsträubenden Ansprüche von mir, als sei ich eine Prinzessin und in einem Fürstenhause geboren! Er selbst müsse sein Geld schwer verdienen, trotzdem er fünfzig Prozent Kriegsbeschädigter sei. Er habe auch noch siebzehn kleine Eisensplitter in seinem Kopf und man wisse nicht, ob nicht einer zu wandern anfinge, wenn er sich so wahnsinnig aufregen muß über den Rock. Er könnte umfallen – tot – und wir müßten dann sehen, was wir tun ohne ihn. Er warf dann den Klavierdeckel hoch, ließ sich auf den schwarzen Drehsessel plumpsen und spielte Franz Liszt.
Ich wickelte mir den Stoff um den Bauch. Er reichte ganz um meinen Körper herum. Während mein Vater spielte, stieg ich auf die Waschkommode hinauf, schob die beiden Porzellanwaschschüsseln mit den Krügen beiseite und betrachtete mich. Der Stoff war erdbraun. Das Fräulein Fischer mußte Schwung reinbringen in ihn.
Der Kanal war bereits zweimal getaut. Ende Januar

kam die Fischer zu uns. Erst nähte sie noch einen endlosen langen Tag Knopflöcher aus, dann am zweiten kam ich daran. Wann ich probieren dürfte, fragte ich sie. »Gleich nach der Schule«, erklärte sie mir. Die letzte Stunde verging. Als ich nach Hause kam, hatten die anderen schon gegessen, aber ich wollte nichts, ich war ganz nervös. Das Fräulein Fischer sagte, daß es gleich soweit wäre, und ich fragte sie, ob sie mein Wellensittich auf ihrem Kopf denn nicht stört. Als ich den zugeschnittenen Stoff unter der Nähmaschine dahingleiten sah, graute mir schon. Sie gab sich Mühe, das sah man an ihrem Gesicht. Die Goldbrille war ihr nach vorn auf die Nase gerutscht, ihre sauberen Fingernägel drückten die Nähte zusammen, und mit ihren dicken Beinen trat sie das schwarze Pedal. Der Lederriemen herum um das Rad war schon einmal geflickt. Plötzlich zog sie den halbfertigen Rock aus der Maschine und sagte, wir könnten probieren. Ich wollte mein Kleid ausziehen, aber sie meinte, das wäre nicht nötig, man könnte darüber probieren. Er wurde, wie alles, größer, zum Hineinwachsen gemacht. Sie meinte, daß es für ein Kind so genau ja nicht ginge und ich froh sein darf, wenn man überhaupt was bekommt. Das hat mir wieder genügt. Ich wußte, wie der Rock aussehen wird.
Sie half mir hinein. Wie ein trauriger Lappen hing er mir weit bis zu den dünnen Waden herab. Ich bückte mich und rollte ihn noch bis kurz unter den Popo. Ich wollte zeigen, wie lang ich ihn möcht! Das Fräulein Fischer schlug mir aber sanft auf die Hand und zog den Rock schnell um zwanzig Zentimeter talab. Das wäre wohl die äußerste Grenze, weiter geht sie nicht mehr.

Da müßten wir schon jemand anderen suchen zum Nähen! Ich gab schnell auf. Nachdem ich mich gedreht hatte und sah, daß der Rock sich kaum hob, geschweige denn eine Pirouettenform machte, sondern wie ein riesiger Suppenteller herumflog um mich, stellte ich das Schlittschuhlaufen ein. Ich legte ihr den Rock auf die Nähmaschine und ging. Ihre geschwollenen Beine hat sie immer zu verbergen gesucht. Daher fehlte ihr wohl das Verständnis für mein Problem. Am Abend war der Rock fertig, mein Vater bestaunte ihn und fragte, ob auch genügend Saum darin ist! Das Fräulein Fischer zeigte den Saum und bestätigte, daß er mindestens fünf Jahre mitwachsen kann. Das dachte sie! Der Rock blieb im Schrank, und meine Schlittschuhe fraß bald der Rost.

Das Fräulein Fischer nähte auch mein Kleid zur Konfirmation. Schwarzsamten und schön. Es lag ihr mehr. Der Ausschnitt war von zwei glitzernden Klipsen gehalten, das hatte sie sich ausgedacht als besondere Idee. Weil das Kleid so schön war, wurde das Fräulein Fischer auch zu meiner Konfirmation eingeladen und saß mit am Tisch. Sie war auch mit in der Kirche und achtete auf mein Kleid. Ich sah sehr lieb darin aus. Für Konfirmationskleider hatte sie ein weitaus besseres Gefühl als für den Schlittschuhlaufrock.

Beim Mittagessen saß sie bei uns am Tisch mit allen Verwandten und zwinkerte mir zu, keine Flecken zu machen. Trotzdem fiel ein Weintropfen darauf. Ich verschwieg ihn und wagte nicht mehr vom Tisch aufzustehen. Aber wir mußten noch einmal alle zur Kirche, und ich zog schnell den Mantel an, daß man nichts merkt.

Wo das Kleid wohl jetzt ist? Und all die anderen Sachen, vom Fräulein Fischer genäht? Als der Krieg ausbrach, wurde das Fräulein Fischer sehr krank. Sie ließ uns wissen, daß sie nun leider nicht mehr zu uns kommen könnte, sondern ins Altersheim ginge. Einmal brachte mein Vater aus dem Krieg in Italien drei Stoffe für uns mit nach Haus. Er sagte, daß er vor's Kriegsgericht käme vielleicht, bloß wegen uns. Was wir denn nun mit den Stoffen machen wollten, ohne das Fräulein Fischer zum Nähen? Sein lebensgefährlicher Einsatz war ja vollkommen umsonst! Es war ein blauer und silberner Stoff, aber um diese Zeit bin ich leider nicht mehr Schlittschuh gelaufen, und die allerwenigsten Leute dachten ans Schlittschuhlaufen auf dem Kanal. Mit Schlittschuhen an den Füßen war man sehr behindert bei Fliegeralarm. Wenig Eisprinzessinnen drehten noch ihre Pirouetten, und an dem Stand gab es nur Pfefferminztee. Keinen Punsch mehr, keine Süßigkeiten und Schokolade, und wenn man den Schlittschuhschlüssel verlor, war es vorbei. Die Kleiderfrage trat weit in den Hintergrund, die Hausschneiderinnen verloren ihre Arbeit und gingen in Munitionsfabriken oder anderswohin. Das bißchen übrige Kleiderzeug verhamsterten wir, trugen es zu den Bauern, wo es noch länger Hausschneiderinnen gab als in der Stadt. Es galt dieser Beruf als einer für ganz neugierige Frauen, die trugen alles herum. Aber unser Fräulein Fischer war äußerst diskret. Sie erzählte nicht einmal, wo sie anderswo nähte, nicht einmal das.

Ich glaube, es ist im letzten Kriegsjahr gewesen, daß unsere Theres die Zeitung aufmachte und las:

»Gestern verschied nach langem, mit
größter Geduld ertragenem Leiden,
versehen mit den heiligen Sterbesakramenten,
Fräulein Charlotte Fischer – Schneiderin,
im Alter von einundsiebzig Jahren.«

Verwandte standen keine dabei. Die Messe war morgens, die Beerdigung um halb drei im Westfriedhof München. Mein Vater war damals im Krieg, meine Mutter ging hin, und die Theres und ich. Wir hatten nichts Schwarzes, und ich stöberte im Kleiderschrank herum und fand nichts außer dem Kleid von meiner Konfirmation. Bis auf die Länge paßte es noch. Wir waren in den vergangenen Jahren nicht dicker geworden. Das Fräulein Fischer hatte »für alle Fälle« einen Saum dringelassen, den trennte ich auf. Da fiel eine Bleikette zu Boden, die da eingenäht war. Die äußerste Kante war sauber vernäht, daß man sie glatt herunterhängen lassen konnte zur Not. Die Theres und ich wollten das Fräulein Fischer noch einmal sehen. Sie war sehr mager geworden, und wir haben sie eigentlich nur an dem graublauen Kleid wiedererkannt. Sie strahlte etwas ungemein Feierliches und Vornehmes aus, und niemand hätte geglaubt, daß sie bloß Hausschneiderin war. Als ich vor ihr stand, fragte plötzlich etwas in mir, warum ich die beiden Silberklipse nicht angelegt hätte an meinem Kleid. Die waren schon zu den Bauern gebracht. Sie war kaum unter der Erde, kam Fliegeralarm.
Fünfzehn Jahre danach drehte ich mich vor den Spiegeln eleganter Modesalons und trug bei Bühnenauftritten teure Kleider. Ich tanzte in Ballsälen und ver-

beugte mich bei Filmpremieren und warf für Kleider viel Geld zum Fenster hinaus. Aber das ist nun auch schon sehr lange her. Es war nur eine Phase. Äußerlich läßt sich doch recht wenig beitragen zum Glück, wenn das Innere nicht mehr Eindruck erweckt als der äußere Schein, ist alles umsonst. Das war auch der Grund, warum das Fräulein Fischer die innere, linke Seite immer fein ausgenäht hat.

Die Blumenfrau

Sie war stets unterwegs. Alte Neuhauser erinnern sich noch an ihren Hut. Schwarzes Strohtellerlein, reichlich zerdrückt. Mohnblümchentuff! Manchmal saß sie auf einer Bank unter den Linden an der Landshuter Allee. Ihren Blumenkorb mit dem Henkel hatte sie dann auf den Boden gestellt. Bonbons im Mund, die dicken Brillengläser verschmutzt und der linke Bügel befestigt mit Leukoplast: das war sie. Der Korb barg eine Fülle von Blumen, je nach der Jahreszeit. Zusammengestellt waren die Sträuße von ihr: Buchenblätter, Tannen und Gras, Wiesenblumen, Dahlien, Astern und Federnelken, alles gemischt. So einen Mischstrauß konnte man für 80 Pfennig erstehen. Frei Haus. Im München von heute ist der schöne Brauch, Semmeln, Blumen und Milch vor die Haustür zu stellen, vorbei. Aber im achtunddreißiger Jahr gab's das noch. Leut waren da noch viele, die sich um so einen Job rissen. Meistens Buben. Milchaustragen – Brotaustragen, das war recht schön, weil man mit Trinkgeldern rechnen konnte – und das bestimmt.

Auch das Fräulein Helle brachte die Blumen ins Haus. Sie hatte einen festen Stammkundenkreis. Wir gehörten dazu. Das Fräulein Helle war erst an die siebzig, später dann an die achtzig Jahre und machte täglich den Weg. Von Neuhausen kam sie zu uns in die Nymphenburger Straße. Wir waren der letzte Anlaufplatz, uns blieb der Rest. Das war ihr peinlich. »Die allerschönsten habe ich für Sie aufbehalten«, sagte sie dann, und wir hatten keine Wahl, als ihr zu glauben, daß es so war.

Für mich war das Fräulein Helle eine wesentliche Erfahrung, Anlaß zu tiefen Gedanken, Vorbild an Unbeugsamkeit. Wenn ich die Türe hinter ihr schloß, weinte ich oft. Eine trostlose Traurigkeit drückte mein Herz, Mitleid mit diesem armen Geschöpf. Was war diese Welt? War es denn möglich, daß sich niemand ihrer erbarmte? Einsam zu leben, allein, das mußte etwas Schreckliches sein, jeder Vorstellung bar. Ich hatte doch wenigstens Freundschaften, wenn ich auch ein Einzelkind war. – Auf jedem Treppenabsatz machte sie halt – atmete aus und griff dann neuerdings an. Sie läutete nicht im Parterre, nicht im ersten Stock! Das waren keine Kunden von ihr. Sie war keine Händlerin im üblichen Sinn, sie hatte Lyzeumsbildung, und stammte aus »vornehmem« Haus.

Nun war sie leider verarmt. Ihr chronischer Husten verriet sie uns schon unten im Gang. Ich stand in der Tür und beobachtete sie, wie sie sich mühsam am Treppengeländer hochzog, das schüttere Haar zu einem Knötchen gebunden, unter dem Strohhut versteckt. Ihre Schultern erwärmte ein gehäkeltes Tuch, und um ihren rechten Arm war eine Blindenbinde genäht. Von mir ließ sie sich den Korb mit den Blumen nur sehr ungern abnehmen. Trotz ihrer großen Gebrechlichkeit habe ich sie nie wehleidig gesehen, nie deprimiert. Ihr Leiden hatte sie anscheinend recht in der Gewalt. Unsere Theres respektierte das Fräulein Helle, kochte Kaffee und unterhielt sich sehr gerne mit ihr. Wenn die Blumenfrau sprach, tat man gut daran, einigen Abstand zu halten, denn ihr Mund barg nur einen einzigen Zahn. Und so entschlüpfte ihr manch feuchtes Wort.

Ehe sie die Wohnung betrat, blieb sie erst minutenlang auf dem Abstreifer stehen, um ihre Augen an das Licht zu gewöhnen. Ungeduldig zupfte ich sie dann am Arm. Ihre Schnürstiefelchen traten vorsichtig über die Schwelle, und der Stock tastete das Linoleum ab. Sie ging vorsichtig, um nicht zu stürzen: ein Schenkelhalsbruch wäre das Ende gewesen. Die Theres kam ihr eilig zu Hilfe, klopfte mir auf die Hand, ich sollte sie stehn lassen und nicht herumzerren an ihr. Dann fielen die üblichen geistreichen Sätze, daß ein Kind eben nichts weiß vom Alter, aber doch auch einmal alt werden muß. Ich empfand das als Angriff auf mich, und es kam mir so vor, als wollten die beiden mich auch so alt sehen und blind. Die Theres schob ihr schnell einen Küchenschemel unters Gesäß, sie schüttelte ihren grauschwarzen Rock, mit dem sie den Boden fast streifte, und setzte sich hin. Ihr Tagesendziel war erreicht. Unsere Küche war die letzte Station. Augenblicklich wurde ich zum Bäcker hinuntergeschickt, Butterhörnchen zu kaufen: die Helle galt als »Besuch«. Denn sie ging erst nach Stunden, und man kam nur beiläufig auf den Blumenverkauf.

Die Helle hatte sich auf dem Schlachtfeld des Lebens tapfer geschlagen, immer allein, völlig mittellos, aber ohne Zuhilfenahme von Schwindel war sie siegreich hervorgegangen aus diesem Kampf. Wenn man vom »Adel der Seele« spricht, paßt das auf sie. Sie war geradezu ein Beispiel für das Gleichnis vom Wuchern

mit den Talenten: Sie hatte nur eins. Dieses eine Talent war ihre Durchhaltekraft. Ansonsten war sie ein ganz üblicher Mensch. Aber wenn ich ihrer heute nach einigen Jahrzehnten gedenke, erscheint sie mir wesentlicher als sehr viele Leute. Bildhauer, Offiziere und Hochschullehrer kamen zu uns, aber kein Gesicht ist mir mehr im Gedächtnis geblieben, nur die halbblinde Helle mit ihrem einzigen Zahn. Wenn sie von ihrer blaublütigen Abstammung sprach, staunte ich über ihre dicken Venen am Arm. Wie man das sah! So log sie doch nicht!
Das Fräulein Helle hatte eine Mutter von böhmischem Adel, die war eine sehr feine Person. »In der Wahl meines Herrn Vaters«, sagte die Helle, »hat sie sich freilich geirrt, er paßte wenig zu ihr. Obgleich ich meinen Herrn Vater hoch schätzte«, meinte sie, »auch heute noch, Jahre nach seinem Tod, muß ich doch wahrheitsgemäß eingestehen, daß meine beiden Elternteile schlecht harmonierten«. Die Ehe war als ausgesprochen unglücklich zu bezeichnen. Sie hatten in der Prielmayerstraße ein sehr schönes Haus. Aber eben ein Haus. Kein Palais, denn der Vater bekleidete nur den Posten eines höheren Beamten – und war kein Graf. Er trug zwar einen Rubin am kleinen Finger der rechten Hand und eine goldene Uhr mit vielen Brillanten, doch war er ein Bürger, ein einfacher Mann. Seine Stimme war laut und die Mutter nervengestört. Sie zitterte beim kleinsten Geräusch, um so mehr, wenn ihr Gemahl seine Stimme erhob. Es kam da oft zu heftigen Kontroversen. Und sie besuchte zahlreiche Sanatorien und reiste in Bädern herum. So war das Fräulein Helle in der Kindheit immer einer Bedienerin überlassen und

vereinsamte sehr. Während ihrer Erzählung tauchte sie das Butterhörnchen tief in den Kaffee, tropfte es ab und steckte es in den faltigen Mund. Unsere Theres holte den Nähkorb hervor, drückte ein Stopfei in einen Socken und webte aufmerksam ihre Stopfwolle hin und her. Die sogenannte Wegwerfgesellschaft war damals noch nicht geboren, alles wurde geflickt. So saß sie und hörte mit großer Aufmerksamkeit der Helle Lebensbericht: Frau Mutter ging bald schon zu ihren Eltern zurück. Nervenerschöpft. Sie selbst blieb mit einer Bedienerin bei ihrem Vater zu Haus. Sie weinte viel und schloß sich tagelang ein in ihr Zimmer und litt an der Welt. Selten fragte der Vater nach ihr. Das Dienstmädchen wurde ihr Halt. Eines Tages kam der Vater nach Hause, und in seinem Knopfloch steckte ein schwarzes Stück Stoff. Das Dienstmädchen blieb stumm. Ohne seine Augen vom Eßteller zu wenden, sagte er leis: »Deine Mutter ist vor drei Tagen gestorben«. Da saß sie denn da. Ohne eine Mama zwischen dem Dienstmädchen und dem cholerischen Mann.
»I woas scho wia's is«, sagte unsere Theres, »mir is a mei Muatter mit fünf Jahr' schon g'storbn. Da kann i a Liad singa wia des is, wann man koa Muatter mehr hat.« Und sie legte den Flickstrumpf beiseite und wühlte im Nähkorb nach einem Fetzen herum. Sie war nicht so stark wie das Fräulein Helle, die hatte schon alles geschafft. Die weinte nicht mehr, trauerte nicht mehr Vergangenem nach. Sie hatte schon über alles gesiegt. »Wia is nachader weiterganga«? wollte die Theres neugierig wissen. Und die Helle erzählte, wie der Vater im Spielkasino verlor. Armut kehrte ein, und vier Monate vor ihrem Abitur traf den Vater der

Schlag. Jahrelang führte sie ihn im Rollwagen herum. Die südliche Auffahrtsallee entlang über das Schloßrondell hinein in den Park. Zweiundzwanzig Jahre lebte er noch. Sie selbst war an die vierzig Jahre alt geworden und stand nun als »alleinstehendes Fräulein« da auf der Welt.

Das Vermögen war restlos verbraucht, die Theres, die immer neugierig war zu erfahren, wie andere Leut sich durchs Leben brachten, ohne Beruf, lauschte gespannt. War sie doch selber nur aus einer Notlage heraus Köchin geworden, weil es sechs waren am Hof. Da mußten drei in die Stadt. Sie kochte und putzte und werkelte sich die Seel aus dem Leib. Ob's nun das Fräulein Helle gescheiter gemacht hätte wie sie? Das Fräulein Helle konnte Französisch. Da gab's nun im Stadtteil Bogenhausen manche Herrschaftsfamilien mit Kindern, die nicht so recht lernten. Dort gab sie Nachhilfeunterricht. Aber in diesen noblen, zurückhaltenden Familien wuchs ihre Einsamkeit nur noch mehr. Man duldete, daß sie am Tisch mitessen durfte, aber sie fühlte deutlich eine Distanz. Die Art, in der man ihr am Ersten gewöhnlich das Geld hinblätterte, empfand sie herabwürdigend, denn sie selbst hatte einmal in weit besseren Verhältnissen gelebt. Sie gab den Unterricht auf. Damals wohnte sie in einem gemieteten Zimmer und zog sich immer mehr zurück. Jede Berührung mit Menschen machte ihr Schmerzen, aber wie sollte sie leben ohne Kontakt? Sie versuchte es mit Handarbeiten, mit Sticken, mit dem Umhäkeln von Taschentüchern in verschiedener Art. Kindermützchen und Jacken, Häkeldeckchen, alles Mögliche hat die Helle gemacht. Zehn Stunden am Tag saß sie über die Arbeit gebeugt; eine Amsel am Fenster war ihr einziger Freund und wurde bestens ernährt. So gingen viele Jahre dahin, und sie dachte eines Tages daran, ihrer qualvollen Existenz selbst ein Ende zu setzen. Die Einsamkeit war einfach vollkommen unerträglich geworden, und die Helle fühlte sich unnütz und sinnlos auf dieser Welt. Die Handarbeiten packte sie in eine Schachtel, legte oben die letzte Miete darauf und verschwand.

Mit der Straßenbahn fuhr sie hinaus nach Grünwald und schleppte sich am Geländer der Selbstmörderbrücke entlang. Die Isar floß damals noch hellgrün dahin, und ein zarter Nebel lag über den Wiesen im Herbst. An den flammenden Laubbäumen vorbei sah sie sich fliegen, tief untertauchen im Fluß. Aufschlagen am Grund – enden – vergehen. Nie mehr sitzen müssen und warten, sticken und warten auf ihren Tod. Zwanzig Jahre vielleicht, ganze vierundzwanzig Stunden am Tag. Eine gräßliche Leere klafft in ihr. Kaum gelingt es ihr, den Arm über die Brüstung zu legen. Als unmöglich stellt sich plötzlich heraus, was vor Stunden so einfach erschien. Sie wundert sich, starrt ins Wasser hinab. Warum geht das nicht so? Warum widerstrebt irgend etwas in ihr? War das nicht eigener Entschluß? Eigener Wille? Jetzt ist da etwas anderes, das sie beherrscht. Eine Kraft. Sie empfindet es wenigstens so. Weit und fern taucht aus der Kindheit das Bild eines Schutzengels auf. Blond und naiv. Sie muß lächeln. Ihr ganzes Leben hat sie nicht mehr an Engel gedacht. Kaum an Gott. Nein, einem Gott steht sie fremd gegenüber. Warum? Weil ihr das Leben so übel mitgespielt hat? Sie baut nicht auf ihn. Als Kind hatte sie fleißig gebetet, später nicht mehr. Ob sie es einmal damit versucht? Mit einem Kindergebet? Aber es fällt ihr nichts ein. Es ist zu lange her. Da sitzt sie plötzlich neben dem Vater. Im Sonntagsgewand, eine blaue Seidenschleife im Haar. Der Vater hält ihr das Gesangbuch unter die Nase. Sie singt. Ihre Piepsstimme ertönt. »Befiehl Du Deine Wege und was Dein Herze kränkt, der allertreuesten Pflege, des, der den Himmel lenkt. Der Wolken Luft und Winden gibt Wege, Lauf und Bahn, der wird auch Wege finden, da dein Fuß gehen kann.« Sie macht einen tiefen Atemzug. Freut sich ein ganz kleines bißchen, daß ihr der Vers nach so langer Zeit wieder eingefallen ist. Schaut in das Tal, in die Luft, streift mit der Hand Schweißtropfen von ihrer Stirn, wendet sich ab. Zögernd tut sie den ersten Schritt ins Leben zurück. Schwankt durch den Wald. Weiß nicht warum und geht doch. Irgend etwas anderes wird sein. In das Zimmer will sie nicht mehr zurück. Sie spürt, daß ihr Leben noch nicht zu Ende gelebt ist. Aber wie es weitergehen soll, weiß sie noch nicht. »Befiehl Du Deine Wege«, wieder hört sie das Wort. Seltsam ist das. Ganz plötzlich ist da eine Hand. Schwach gibt sie sich hin. Läßt sich los. Weiß nicht, wie sie in die Stadt zurückkommt, in das Zimmer, nach Haus. Tage liegt sie im Bett im dämmrigen Schlaf. Plötzlich taucht eine Möglichkeit auf. Eine Tätigkeit, die ihr entspricht. Da ist die Idee mit dem Blumenverkauf. Wenn sie über den Stolz hinwegkommt! Eigentlich war es nur immer ihr Stolz, der sie von ihren Mitmenschen trennt. Wenn sie über diese Eigenschaft siegt, würde sich alles verändern in ihr. Plötzlich, anscheinend ganz mühelos, hat sie den Haken in ihrem Leben entdeckt. Stolz. Dummer Stolz.

Schnell kauft sie den Korb. Findet eine Gärtnerei vor der Stadt. Wie sie zu gehen anfängt mit ihren Sträußen, ist sie schon über sechzig hinaus. Von der Gärtnerei geht sie täglich hinein in die Stadt. Am alten Jagdschloß vorbei, schlürft die Nymphenburger Straße entlang.

Ja, die Helle wurde im Alter ein ganz geselliger Mensch. Auf der Brücke war diese Wandlung geschehen. Was sie früher so scheute, Menschen, suchte sie jetzt. Mit den Jahren waren es so viele Kunden, daß sie leicht zweimal hätte gehen können am Tag. Man konnte sie sitzen sehen auf der Bank vor dem Spital, im Gespräch. Die anderen hatten schon aufgeben müssen, während die Helle immer noch ging.

Einmal war sie während einem Fliegerangriff bei uns. Wir nahmen sie mit in den Keller, unser Stadtteil wurde stark bombardiert. Eine Luftmine riß den Häuserblock ein. Der Keller blieb stehen. In Staubwolken und voller Panik drängten wir dem Notausstieg zu. Da hörte ich, wie die Helle neben mir sang. Ganz leise summte sie vor sich hin. »Befiehl Du Deine Wege – und was Dein Herze kränkt – der allertreuesten Pflege – des, der den Himmel lenkt«. Sie war im festen Vertrauen. Auch in den ersten Kriegsjahren kam sie tapfer zu uns. Durch die brennende Nymphenburger Straße sehe ich sie noch gehen. Vor Weihnachten stieg sie im Schloßpark herum, wenn Bauarbeiter die Bäume von Misteln befreiten, die dann golden gemacht wurden. Die Bomben nahmen ihr auch noch das Zimmer, und sie hat es mit einer Bretterbude vertauscht. Die Gärt-

nerin war ein mitleidiger Mensch. Wie viele hatten kein Dach mehr über dem Kopf? So durfte das Fräulein Helle in den Gartenschuppen einziehen und war froh.
Geräte standen herum, ein Bett, Tisch und Stuhl. In einem winzigen Ofen verbrannte sie Holz: Schuttholz von zusammengefallenen Häusern, wenn sie's fand. Viele waren danach unterwegs, es war nicht so leicht zu haben. Die Miete bezahlte sie stets vollkommen korrekt, fünf Mark.
Mein letzter Eindruck von ihr war der einer mechanischen Puppe, die man in Gang gesetzt hatte auf dem Asphalt. Sie rutschte nur noch dahin, unendlich langsam. Mit wenig im Korb. Als unsere Theres sie fragte, wie lange sie das Geschäft denn noch machen wollte, gab sie witzig zur Antwort, eine Schnecke käme ja auch an ihr Ziel. Das war stark. Es gibt Aussprüche, die prägen sich ein. Irgendwann gerät man selbst in eine ähnliche Situation, dann tauchen sie auf.
Plötzlich wurde sie krank. Schwere Lungenentzündung mit hohem Fieber. In der Nacht hatte es zu regnen begonnen, und das Wasser tropfte an verschiedenen Stellen durch den Plafond. Auch über dem Bett mit der mausgrauen Wehrmachtsdecke tropfte es durch. In ihrem Fieberschlaf zogen wohl wilde Wasser vorbei, Stromschnellen und Wirbel, reißende Flut. Mühsam versuchte sie ihren todkranken Körper aufzurichten im Bett, schlug die Decke zurück und schüttelte die Wasserlache ab. Es war kalt. Allerheiligen stand vor der Tür, und sie dachte ans Blumengeschäft. Ihre Brille lag unterm Bett, endlich ertastete sie das Gestell, umständlich, gequält. Jede Bewegung dauerte

dreimal so lange wie sonst, eh' sie die Schuhe fand und ihren Rock! Der Boden war ein einziger See, und in einer Ecke lösten sich Erdklumpen auf. Die beiden Pappschachteln, in denen ihre Habseligkeiten eingepfercht lagen, waren durchtränkt. Ein paar Handarbeiten von früher, Batisttaschentücher – umhäkelt –, Garn, Wolle und Spitzen hingen heraus. Sie muß das Wasserloch schließen über dem Bett, denkt sie. Wenn sie Reißnägel hätte, einen Karton! Keuchend und hustend stülpt sie den Pappkarton um, reißt ihn in Fetzen, und mit großer Mühe klettert sie hinauf auf den Stuhl. Genug, wenn das Bett abgedeckt ist. Wie sie sich streckt, die Deckensparren mit der Hand zu erreichen, überrascht sie ein Hustenanfall. Niemand ist da. Es wird auch niemand bei ihr sein, wenn sie verlischt. Auf die Stuhllehne gestützt geht es vorbei, und ein paar Wochen später ist sie wieder unterwegs mit dem Korb. Dann hat ein Motorradfahrer ihre Blindenbinde übersehen. Am Rotkreuzplatz kam sie zu Fall. Man hat sie noch in die Klinik geschafft, wo sie verstarb.
Sie war ein tapferes Wesen, nachahmenswert. Vor allen Dingen hörte man sie nie klagen, dafür oft singen, wenn man nah bei ihr stand. Die Texte der Lieder strahlten Geborgenheit aus. Sie gaben Zeugnis von einer Wahrheit, in der es keine Einsamkeit gibt, kein »alleinstehendes Fräulein«, nur einende Liebe und die Gewißheit, daß ein jeder Weg gangbar ist, wenn man nur will.

Der Kesselflicker Damian

Er war kein Einheimischer, aber wer es nicht gewußt hat, der hätte es gar nie erfahren. Der Damian war nämlich stumm. Alles, was er herausbrachte, war armseliges Gelall. Wenn ihn die Kinder ärgerten, dann stampfte er auf mit dem Fuß oder warf seinen Quälgeistern einen durchlöcherten Hafen nach.
Als ich etwa zehn Jahre alt war, erschien er mir als ein steinalter Mann. Aus seinem ungewaschenen Gesicht schauten zwei listige Augen unter dichten Brauenbüschen hervor. In der Mitte saß eine fleischige Nase, die meist angeschwollen war, und aus dem einen Nasenloch rann ihm vom dauernden Schnupfen ein Bächlein Tabak. Die Ohren standen weit ab vom Kopf. Das linke zierte ein goldener Ring, und struppiges Haar lugte unter einem Lederhut hervor. Seine ursprüngliche Farbe zu finden hätt' einem Altertumsforscher Freude gemacht.
Der Damian war viel unterwegs. Schimpfend, wild mit den Händen in der Luft herumfuchtelnd, marschierte er übers Feld. Auf seiner Schulter trug er die klappernden Töpfe, durchlöchertes Zeug. Früher war ein Hafen oder gar ein Kessel etwas sehr Wertvolles. Messing- und Kupfertöpfe hatten die Bauern am Land. Die wurden ständig geflickt. Der Damian hatte einen Lötapparat und rettete das Kaputteste noch. Er war darum beliebt, und die Bauern erwarteten ihn. Ein Hafen mit

Löchern ging ab. Da mußte die Kost umgestellt werden, so daß es oft am Freitag keine Schmalznudeln gab. In der Pfanne war ein winziges Loch nach einhundert Jahren entstanden. Jetzt wartete man. Der Damian machte einmal im Monat die Runde und flickte die Pfanne am Ort.
Er wohnte draußen am Wald. In einem windschiefen Häusl, allein. Ein lustiges Bacherl, an dem viel Brunnenkresse wuchs, führte daran vorbei, und um das Häusl rankte sich dichtes Brombeergebüsch. Rostige Tiegel lagen darin, und hinten herum war ein Fichtengehölz, nicht zu begehen. Zur Schwammerlzeit kroch der Kesselflicker hinein, weil es dort Rotkappen gab. Meistens saß er hinter dem Haus und hämmerte auf seinen Töpfen herum.
Den Kindern war es im allgemeinen verboten, zum Haus des Alten zu gehen. In der Gemeinde traute man ihm nicht so ganz über den Weg. Zum ersten, weil er ein Gezeichneter war, und zum zweiten wußte man nicht, woher er kam. Die einen meinten, daß er ein Emigrant aus dem Osten her war und vielleicht ein heimlicher Abkömmling der ermordeten Zarenfamilie sei. Was an all den Gerüchten nun stimmen mochte oder auch nicht, eigentümlich war jedenfalls seine zierliche Erscheinung und die feinen Hände, die nicht im Einklang standen mit seinem Beruf. Von einem Arbeiter hatte er gar nichts an sich, schien auch geistig ständig mit etwas beschäftigt zu sein, und seine Selbstgespräche, die von lebhaften Gesten begleitet waren, glichen Diskussionen im Parlament und Reden an ein nicht vorhandenes Volk.
Wir machten manchmal Ferien in diesem Dorf, wohn-

ten beim Greiner, das war ein Bauer, der Zimmer vergab. Eines seiner Kinder hieß Stasi und war gleich alt mit mir. Die Stasi war meine Freundin, und wir liefen zusammen herum. Sei's, daß wir stundenlang ein schmutziges Taschentücherl in den Bach hineinhielten in der Hoffnung auf einen Fisch, oder daß sie mir zeigte, wie man Leimruten legt. Haselnußstauden mit Vögeln darin gab es genug. Natürlich haben wir nie einen Fisch noch einen Vogel erwischt. Aber die Spannung war da. Verboten wurden uns nur zwei Sachen, nämlich auf den Heuboden zu gehen und zu dem »Graf«. Auf dem Heuboden lagen Gabeln und Sensen und Kabel mit Strom. Auch auf das fünf Meter hohe Plumpsklosett mit dem Holzdeckel sollten wir nicht. Einem Stadtkind wie mir traute man nicht, und das ärgerte mich. Bei jeder Gelegenheit schlich ich mich darum davon und kletterte, wenn ich nur konnte, auf den Heuboden rauf. Da kam es vor, daß ich ein Schlangennest fand oder ein Ei, oder neugeborene Katzen, von der Mutter versteckt. Wenn es regnete, lagen wir zusammen im Heu. Die Stasi und ich. Und sie erzählte Geschichten von Geistern und Spuk. In diesen Geschichten kam auch meistens der Damian vor.

Einmal, sagte sie, hätte sie von weitem gesehen, wie der Damian hinter seinem Häusl ein Loch aushob. Vorsichtig hat er nach allen Seiten geschaut, ob ihm ja niemand zuschaut dabei. Dann hat er eine Schachtel ganz schnell eingegraben. In dieser Schachtel, so glaubte die Stasi, sei ein ganz großer Schatz. Der Vater hat einmal gesagt, der Damian wäre vor den Kommunisten geflohen und stellt sich nur taub, daß er nicht antworten muß, wenn man ihn fragt. In Wirklichkeit

sei er sehr reich und würde mit einem goldenen Schlitten im Schnee herumfahren bei sich daheim. Daheim, das war Rußland für uns.
Sicher hat er auch Diener gehabt, die ihm am Abend die Stiefel ausziehen, und eine sehr schöne Gräfin zur Frau. Daß so etwas mit dem Zeitablauf der Geschichte nicht übereinstimmen konnte, war uns egal. Darüber haben wir uns keine Gedanken gemacht. Wir wußten nicht einmal, wo Rußland überhaupt liegt, geschweige denn, wann die Revolution damals war. Die Stasi setzte mir den Gedanken in meinen Kopf, heimlich in das Haus des Kesselflickers zu gehen. Das Geheimnis lüften konnten nur wir, indem wir den Schatz ausgruben aus diesem Loch. Es handelte sich um ein höchst gefährliches Unternehmen, wo kein Mensch etwas wissen durfte davon.
Meine Mutter kochte gerade auf der Herdseite beim Bauern das Essen, Fleischpflanzerln mit Kraut, da fragte ich sie. Ich machte ihr weis, morgen früh mit der Stasi zu einer Fundstelle zu gehen. Wissenschaftler gruben dort nach einem Skelett. Alle Kinder hätten es schon gesehen, bis auf mich. Die Fundstätte war gut eine Stunde entfernt, und wir bekamen einen halben Tag Zeit für die Expedition.
Gleich nach dem Frühstück, das aus kuhwarmer Milch und Hausbrot bestand, rannte ich weg. Die Stasi erwartete mich schon am Zaun, denn sie hatte schon eine Stunde früher den Kuhmist hinausradeln müssen aus dem Stall.
Ich rannte durch die Wiesen dahin, ohne Sandalen, die Stasi mit mir. Mit nackten Füßen sprangen wir in die Kuhfladen hinein, rundum im Tau. Das war ein herrli-

ches Spiel, sehr gesund. Schön, wenn sich der warme Brei um die Fußknöchel schloß, da schauten nicht einmal die Zehen mehr raus. So wurden wir aufgehalten durch diesen Spaß, ziemlich lang. Hohe Farnkräuter versperrten den Weg an einer Stelle wo ein Hochstand war, zwischen Fichtenbäumen erbaut. Da wollten wir rauf. Die Stasi steckte mir einen goldgelben Harzbrocken in meinen Mund zum Zerkauen. Ich machte ihr alles nach, was sie mir vormachte, denn sie wußte viel mehr. Sollte ich ihr etwas von meinem scheußlichen Schulweg erzählen, drin in der Stadt? Oder hätte sie etwas an dem »Apparat« interessiert, den wir zu Hause stehen hatten und in den man hineinsprechen kann? Nein, Telefonkasteln und Straßenbahnen waren zu unbedeutend für sie. Stellten nichts auf gegen Leimruten und Harz.
So folgte ich auch bedingungslos ihrer Anweisung, auf den Hochstand zu klettern, trotz großer Angst. Da oben mußten wir warten, bis der Damian ging. Nach der fünften Sprosse schwindelte mir, ich stieg aber trotzdem die nächsten zehn noch rauf. Hinter mir kam die Stasi, barfuß wie ich. Sie sagte, ich sollte nicht wackeln, sonst brechen wir durch. Ihr Vater müßte dann dem Jäger alles bezahlen, mit dem er sowieso spinnefeind war. Er hat ihm nämlich den Wasti erschossen draußen im Wald. Der Wasti war ein sehr braver Hund. Wilderte nie, weil er den Bauch immer voll hatte vom Wirt. Sie setzte sich vorsichtig neben mich und unsere nackten Beine baumelten vom Hochstand herab. Krähen flohen aus ihrem Nest, und man konnte weit über die Felder hinsehn. Das Korn bewegte sich wie ein hellgrünes Meer mit roten Inseln von

Mohnblumen darin. Damals gab es noch alle Arten von Blumen. Wiesensträuße waren ein Traum. Auch Insekten und Schmetterlinge flirrten herum, und es war ein Gesumme, wie man es nirgends mehr hört.
Der Waldrand verlief in Hufeisenform, und wir konnten genau gegenüber das Haus vom Damian sehen. Er klopfte auf seinen Häfen herum. Später schnürte er dann sein Bündel und ging. Die Türe schloß er ab und legte den Hausschlüssel in einen Topf. Schnittlauch wuchs darin. Dann schaute er nach links und dann rechts und ging auf uns zu. Dabei hielt er wieder eine »Rede ans russische Volk« und sah uns nicht auf dem Baum. Sein bohrender Blick war in weite Fernen gerichtet, weiter, als man mit Augen sehen kann.
Kleiner und kleiner wurde der »Graf«, bis er endlich hinter dem Hügel verschwand. »Jetzt geht's«, sagte die Stasi und stieg die Leiter hinunter. »Kimm, jetzt suach ma den Schatz« wisperte sie, und wir liefen, in einer Hand die Sandalen, nicht achtend auf die Bienen im Gras. Im Schnittlauchhafen lag der rostige Schlüssel, und unsere Herzen klopften vor Angst. Das Vorhängschloß öffnete sich, wir stellten die Schuhe vor's Haus, und gingen hinein. Es waren zwei Räume. Eine Werkstatt und ein Loch, wo er schlief. Auf dem fauligen Bretterboden stand eine Hobelbank mit verkommenem Zeug. Werkzeuge, zerbrochen, verrostet. Leimtiegel, eingetrocknet, Hobel, Nägel und Draht. Konservenbüchsen und Nieten türmten sich auf. Regenschirme zum Flicken, leere Flaschen lagen herum, und unter der Hobelbank stand ein Banzen mit Most. Wir mußten aufpassen, nicht in die Nägel zu treten, mitten im Schmutz. Metall und Lötmasse rochen sehr

schlecht, und die Stasi machte die Tür zur Kammer auf. An der Wand hing ein wunderschönes Heiligenbild. Auf dem braungestrichenen Eisengestell lag eine Matratze aus Stroh und eine Wolldecke. Unter dem Bett schaute ein großer Nachttopf hervor aus Porzellan. Muffelnde Jacken, fransige Hosen, ausgetretene Schuh', Palmkätzchenzweige am zerbrochenen Kreuz, darauf ein schneeweißer Christus mit nur einem Arm. Da waren auch noch trockene Äpfel vom Winter und ein Weidling mit Milch. Licht gab es keins. Wasser floß vor dem Haus. Von der Decke baumelte ein klebriger Fliegenfänger herab, an dem summte eine Gefangene ihre Passion. Ein Haufen Brennholz lag neben dem Herd mit der Kanne Kaffee. Wir waren enttäuscht. Die Stasi sagte, wir müßten das Wandkasterl aufmachen, da wär was drin. Aber in dem Moment, wo wir das wollten, hörten wir ihn unvermutet zurückkommen ins Haus. Wir konnten gerade noch in die Werkstatt entfliehen und unter die Hobelbank schlüpfen. Ärgerlich warf er seine Häfen ins Eck und kramte in seinem Schränkchen herum. Durch die Scheibe in der Tür war ins Zimmer zu sehen. Die Stasi stieg leis auf die Hobelbank rauf, ich ihr nach. Kopf an Kopf starrten wir durch die unsaubere Scheibe, völlig gebannt. Der Damian wühlte in seinem Blechkästchen, suchte Nadel und Faden und einen Knopf. Dann setzte er sich aufs Bett und fing an, sich die Schuhe auszuziehen. Der Schrecken fuhr uns durch alle Glieder, weil wir nicht wußten, wie weit das geht. Die Stasi meinte, wir könnten es beichten beim sechsten Gebot. Aber der Damian hielt ein, eh die Flanellunterhose kam, und setzte sich hin. Dann fing er an, umständlich den

Knopf anzunähen. Das war also der Grund, er hätte beinahe seine Hose verloren. Anschließend legte er Nadel und Faden wieder in die Schachtel zurück. Doch ehe er sie zumachte, holte er etwas Seltsames heraus. Einen mächtigen Ring. Golden, rot, leuchtend und schwer – gewaltig, geheimnisvoll! Einen Ring, den man aus Märchen nur kennt. Er steckte ihn sich an den Finger und betrachtete ihn. Dann kramte er noch einen zweiten hervor. Blau, noch heller strahlend, – wir atmeten kaum. Solch herrlichen Schmuck hatten wir noch niemals gesehen. Daß die beiden Ringe aus dem Kronschatz des Zaren von Rußland sein mußten, war uns ganz klar. Nachdem er sie zurückgelegt hatte, ging er zum Herd. Da nahm er Holzscheite und klopfte sie gegeneinander. Das machte er, um die Insekten nicht mitzuverbrennen, die da drin wohnten. Sorgfältig suchte er sie auf dem Boden zusammen und warf sie zum Fenster hinaus. Eine Sensation, die sich uns bot. Einen Menschen, der Ameisen schützt, sie vor dem Feuer rettet, gibt es nicht oft. Da muß einer wohl von sehr edler Abstammung sein, solches zu tun. Unter dem Geräusch, das er beim Einschüren machte, schlichen wir raus. In der Aufregung ließen wir die Sandalen stehen, rannten barfuß durchs Feld, spürten nicht Stoppeln noch Steine, und unsere Zöpfe flogen im Wind.

Ein Jahr verging in der Stadt, in der Schule, in Sehnsucht nach dem Leben auf dem Land. Oft träumte ich von dem »Grafen« und dem Geheimnis, das ihn umgab. Der Spott traf ihn wirklich zu Unrecht, denn er war ein herrlicher Mensch. Mein Vater hatte sehr viele Orden, da fiel es nicht auf, wenn einer fehlte. Beim

nächsten Besuch sollte der »Graf« einen Orden bekommen von mir!
Als ich das Dorf wieder sah, war schon Krieg. Die Stasi lief mit den Buben herum und ich auch. Ich fragte sie nach dem Damian und ob er noch lebt. Das wußte sie nicht. Ich ging allein zum Waldrand hinaus, langsam, mehr traurig als froh. Die Türe stand offen. Das kleine Fenster, aus dem er die Ameisen warf, war zerstört. Töpfe und Tiegel lagen in den Wiesen verstreut. Seine Strohmatratze war, vom Regen durchweicht, völlig verbrannt. Der Eckschrank lag auf der Erde, in Trümmer gehauen. Das Bild mit dem Engel hing schief, und nur ein einziger Arm hing noch vom Christus am Kreuz. Mitten in der Verwüstung blitzte es rot. Da lagen Scherben von zerbrochenem Glas. Ich bückte mich und erkannte an diesen Splittern den Ring. Irgendwo lag auch, verkrümmt, seine Fassung herum. Messing und Glas! Traurig ging ich nach Haus. Dachte über den Damian nach. Was war geschehen? Die Stasi erzählte, der Damian wäre schon lang nicht mehr da. Der Hitler hat ihn geholt... »Wohin hat er ihn bringen lassen?« fragte ich sie. »Auf sein russisches Schloß.« Woher sie das so genau wüßte. Das weiß sie vom Ortsgruppenleiter, der hat gesagt, daß der Damian hinkommt, wohin er gehört!

Fischerkinder

Fischerkinder, zumindest solche, die mit zerlumpten Röckchen, ausgefransten Hosen und vom Wind zerzausten Struwwelpeterköpfen barfuß am Strand stehen und sehnsüchtig ihren Vater erwarten, gibt es in Bayern nicht mehr.
In meiner Kinderzeit lebten um den Chiemsee herum noch viele arme Fischerfamilien, und in den Sommerferien galt diesen Leuten meine ganze Aufmerksamkeit. Zu meiner großen Enttäuschung nahmen wir nie Logis in einem dieser poetischen Häuschen mit den im Winde flatternden Netzen davor und den kleinen Kistchen, in denen Renken und Braxen, ihres Elementes beraubt, langsam den Geist aufgeben mußten. Das Haus meiner Erinnerung lag ganz nahe am See und hatte hinten einen kleinen Garten, in dem Basilikum wuchs. Auch bunte Strohblumen waren darin, was mich sehr überraschte, da ich Strohblumen für etwas Künstliches hielt. Ich war erstaunt, sie voll Saft und Leben aus der guten Erde dieses Gärtchens herauswachsen zu sehen. Die Frau verwendete die gelbweißen und rosanen Sternchen, nachdem sie getrocknet waren, zum Flechten ihrer Girlanden, mit denen schmückte sie ihren Kahn an Fronleichnam zur Prozession. Die führte damals über den See, und die Fischerkinder standen in ihren weißen Kleidchen und blauen Sonntagsanzüglein sauber gewaschen im Bug.

Der Fischer ruderte seine Familie inmitten vieler anderer Kähne. Die Musikkapelle war auf zwei Schiffe verteilt, denn eine Tuba wog schon sehr viel und die Trommeln noch mehr. Allen voraus zog das Schiff mit der Monstranz. Darüber war ein weißseidener Himmel gespannt, dessen Goldstickerei blitzte, und die Steine darauf leuchteten bunt, daß man es sehen konnte bis ans Ufer heraus. Der heilige Kahn war mit roten Tüchern bespannt und mit hellgrünen Birken umgeben. Auf den Bänken saßen die Ministranten mit weißen Handschuhen und den allerfeinsten Spitzenüberwürfen, von denen wohl jeder das Lebenswerk einer Klosterfrau auf der Fraueninsel war. Ein Großteil der Chiemseer Bevölkerung hatte einen eigenen Kahn und fuhr mit an dem Tag, der, wenn das Wetter gnädig war, der eindrucksvollste und festlichste war. Die Fischerkinder nahmen aufgrund ihrer Vorzugsstellung, Kinder von Fischern zu sein, voll daran teil, während ich, trostlos, traurig mit tränenden Augen vom Ufer hinausblickte zum See.

Wir hatten keinen Kahn. Mein Vater war nur Beamter. Er aß zwar recht gerne Renken, aber wie man sie fing, beschäftigte ihn nicht. Die Fischerkinder wußten es gut, denn sie durften mit ihrem Vater im Morgengrauen hinausfahren auf ihren See, wenn der Nebel noch seinen Geistermantel über ihn breitete und die kleinen schwarzen Haubentaucher verschlafen träumten im Schilf. Da konnte man hören, wie sie im Kahn herumwerkten, den Köcher mit Wasser füllten und dem Vater die Netze geschickt zureichten. Dann kam ein Schleifen und kurzes Aufplatschen, und der Kahn war über die rauhen Steine hinausgeglitten zum See. Der

Fischer legte sich mächtig ins Ruder, die Scharniere ächzten und knarzten, und der zwölfjährige Sohn hatte Mühe mitzuhalten mit ihm. Die Muskeln des Fischers waren so hart wie Stein und seine Arme von gleichbleibend rotbrauner Farbe wie auch sein zerfurchtes Wettergesicht. Die hellbraunen Haare waren an manchen Stellen goldblond gebleicht, stumpf und zerzottelt vom Wind und die meisten unter einer graugrünen Strickmütze versteckt. Auch seine Buben trugen solche Mützen am Kopf.

Ich erinnere mich dunkel, daß es wohl im ganzen sieben Kinder gewesen sein müssen, denn ich hatte einmal ein nicht für mich bestimmtes Gespräch aufgeschnappt, in dem meine Tante, die kinderlos war, ihr Unverständnis zum Ausdruck brachte, wie man bei derart armseligen Verhältnissen sieben Kinder in die Welt setzen kann. Es wäre doch sehr unbedacht und zeuge von großer Verantwortungslosigkeit. Sie beklagte die armen Kinder und ihre Zukunft, die laut meiner Tante im finsteren Elend verlaufe! Das konnte ich überhaupt nicht verstehen. Ich hatte keine Geschwister, fühlte mich einsam und wollte ein Fischerkind sein. Schon daß sie eine kleine Horde waren, die miteinander herumliefen und stritten, und daß sie ihrem Vater helfen durften, die Netze auszuzupfen, bewunderte ich. Wie sie auf Würmerjagd zogen mit ihren Blechschachteln, all dies gab mir das Gefühl eines sinnvollen Daseins. Ich litt im Chemieunterricht in meiner staubigen Schule mitten in einer langweiligen Stadt, in der nichts Interessantes war, höchstens die Eisdiele oder ein Kino. Meine Haustiere, meine Katze oder mein Frosch waren Ersatz. Es war etwas Künstli-

ches, Unnatürliches, wie ich's empfand, und hatte mit der Wirklichkeit gar nichts zu tun. Die lag für mich draußen in Wäldern und inmitten von Brombeersträuchern, Schwammerln und den bemoosten Stegpfählen am Ufer des Sees. Da lagen unten am Grund die schwarzen Miesmuscheln mit ihren geöffneten Schalen, und Heere von winzigen Silberfischlein zogen vorbei. In seinem wogenden Schilfsaum wimmelte es von Libellen, Wasservögeln und Nixlein, von denen ich eins mit eigenen Augen gesehen.
Es war die Welt der Fischerkinder, die Wange an Wange zu zweit in einem Bett träumen durften vom riesigen Hecht. Der war fünf Meter lang, von vielen gesehen, aber von keinem jemals gefangen. Von dem Hecht, der in einer südlichen Bucht leben soll, dem gefährlichen Räuber und Dämon der Fischer, der mit einem einzigen Hieb seines Schwanzes Schiffe zum Kentern und das Wasser zum Übergehen bringt, erzählte man rund um den See. Eines der Fischerkinder hat ihn schon einmal gesehen. Es war in einer furchtbaren Gewitternacht. Die Wellen schwollen damals zu Haushöhe an, und flammende Blitze schlugen hinein in den Gischt. In großer Angst wurden die schwarzen Wetterkerzen entflammt, und in den Häusern der Fischer knieten die Leute am Boden zu einem Gebet. Die Fischerin sagte, einer der Buben solle die Vorhänge schließen, und bei dieser Gelegenheit sah das Kind im Leuchtfeuer des Blitzes den riesigen Hecht. Oben auf dem Bug einer schäumenden Welle ritt er daher. Vor Schreck ist der Bub wie tot auf die Erde gefallen und jeder, der ihn hat hinfallen sehen, glaubte ihm nachher aufs Wort. Ich glaubte ihm auch, denn ich war fest

überzeugt, daß die Wahrheit meiner Chemieformeln nicht die einzige war, die es gibt auf der Welt.

So kam es, daß ich die Fischerkinder für wissender hielt als mich selbst und versuchte sie nachzuahmen, so gut es nur ging. Der einzige Mensch, der Verständnis zeigte für meine Ideen, war meine Großmutter. Sie war Kunstmalerin und malte mit einem breitkrempigen Strohhut auf ihrem Kopf Bilder vom See. Dabei stand ihre Holzstaffelei an einem schattigen Ort, bei einem Lindenbaum in der Wiese, wie das Motiv es ergab. Stundenlang saß sie da auf ihrem Klappstühlchen, in der linken Hand die Palette, in der rechten den Pinsel, und nahm Maß am Objekt. Ihr Schauen ging hin und her zwischen Palette und Leinwand. Einem anderen Kind wäre es wohl langweilig geworden, denn das Malen war eine langdauernde Sache, aber ich hatte etwas, was mich ebenso stillhalten ließ. Ich fischte. Ich fischte in einem halb abgesunkenen Kahn, der keinen Besitzer mehr hatte. Der lag als Wrack da im Schilf. Da ich eine gute Schwimmerin war schon mit sechs Jahren, brauchte meine Großmutter keine Angst mehr zu haben, daß ich etwa ertrank.

Die ganze Welt ist voll von den herrlichsten Ideen, von denen nicht jede wahr werden kann. Meine Ideen kreisen in den Tiefen des Sees um Braxen und Karpfen, die ich so riesig gerne meiner Großmutter als Stillebenobjekte ins Gras gelegt hätte! Sie malte nämlich Fische und Austern, und ich hätte ihr die Modelle gerne geschenkt. Ich angelte nämlich schwarz. Ohne Angelschein. Deshalb war es so gefährlich und schön. Ich riskierte für meine Großmutter, ins Gefängnis zu kommen, das vergrößerte ihre Liebe zu mir. Daß mein Vater dabei in seiner Beamtenlaufbahn vernichtet werden könnte, war mir egal. Oft, wenn ich mich sitzen sah, drinnen im Schilf, versteckt vor der Welt und den lauernden Schulaufgaben hörte ich ein Geräusch. Es war wie das Rasseln von Ketten, das Zuschlagen eines Gefängnisautos und bedeutete meinen Abtransport an einen unvorstellbaren Ort. Dort leerten Nikoläuse ihre Opfer aus den Säcken, und Schwarzfischerkinder stellte man vor Gericht. Dort mußte man zeigen, womit man die Tat ausgeführt hatte. Auf Zehenspitzen legte ich mein Instrument auf den Tisch der Richter. Ein gigantischer Mann ließ seinen Zwicker heruntergleiten und senkte die Nase auf das seltsame Ding. Es war ein etwa drei Meter langer, dünner Spagat, an dessen Ende eine umgebogene Haarnadel hing. Die Haarnadel stammte von meiner Großmutter, wodurch sie mitschuldig war. Der Richter fragte, ob ich mit diesem Instrument denn schon jemals einen Fisch gefangen hätte, worauf ich nicht wußte, ob ich ihn anlügen sollte oder nicht. Es siegte aber dann doch meine Ehrlichkeit und ich sagte ja. Einmal, sagte ich, einmal hing ein kleiner Fisch an der Haarnadel dran. Ich habe ihn aber sofort wieder seiner Mutter gegeben. Er war wohl das Dümmste von all ihren zahllosen Kindern. Da nickte der Richter und sagte, ich dürfte weiterfischen in allen bayerischen Seen. So blieb ich ruhig sitzen im schaukelnden Wrack und starrte unentwegt an die Schnur. Sobald ein frischer Wurm daran hing, fing die Schnur an zu hüpfen. Dann trat wieder Ruhe ein, bis es erneut zu zupfen begann. Ich sammelte meine Würmer unter den Steinen und band sie vorsichtig mit einem Faden an der Haarnadel an. Sie aufzuspießen, hab ich nie-

mals gewagt. So sollten sie wenigstens keinen Schmerz aushalten müssen, ehe man sie fraß. Was die Fische mit ihnen machten, war ihr Problem. Ich selber wollte nicht ausschließlich für ihren Tod verantwortlich sein. Ich war bei den Fischen gewiß sehr beliebt, denn ich brachte fette Würmer vom Strand.
Meine Großmutter wandte sich in Ermangelung von Karpfen den Mohnblumen zu und brachte da ganz erstaunliche Werke zustande. Mir blieb ein Erfolg leider versagt mangels eines Gerätes. Aber ein solches bekam ich nicht. Auch nicht zu Weihnachten. Trotz hartnäckigen Wünschens und dreimaligem Unterstreichen des Wortes. Angelhaken stand jahrelang auf dem Zettel ans Christkind. Aber der Angelhaken kam nicht. Man orakelte nämlich nicht ganz zu Unrecht in der Familie, daß meine Leidenschaft dann erst richtig ausbrechen würde. Neben dem Angelhaken müßte dann auch ein Angelschein her, die Erlaubnis zum Fischen im See. Dann müßten sie dauernd zum Chiemsee rausfahren wegen des »Wahnes«. Man fragte, ob sich der Fang von drei Fischen im Jahr denn rentiere und sagte, es lohne sich nicht. Ich war acht, neun, dann zehn, und Freitag gab es immer Goldbarschfilet – Renken oder Hecht gab es nicht, denn man hatte mir ja nicht nachgeben wollen. So blieb es mir leider versagt, meine Familie mit Fisch zu versorgen, und der Traum, jemals mit Fischerkindern identisch zu werden, verträumte sich langsam in eine ferne Region.
Jahrzehnte gingen dahin, die Zeit war aufgehoben und ein Ort durch einen anderen vertauscht.
Fischerkinder sind wieder da, die Familie lebt auf einer einsamen Insel im Meer. Nur dreißig Menschen be-

wohnen vier Häuser in diesem Ort, der nicht genannt werden will. Auf der Insel darf man nicht fotografieren, Verbotstafeln warnen davor. Die Kinder sind mit den Tafeln aufgewachsen, sie bekümmern sie nicht. Sie haben ja keinen Fotoapparat. Den Fischer habe ich kennengelernt, als er auf der großen Insel, die dahinter liegt, an einen Einkäufer seine Fische verkaufte. Ich stand, scheinbar zufällig, dabei und sah, wie der andere bezahlte. Er zahlte einen Pauschalpreis für alle Fische, vorwiegend zweiter und dritter Qualität. Der Fischer steckte die schmutzigen Lirescheine in einen Beutel, reichte dem anderen die Hand und ging eilig davon. Ich sah, wie er hineinstieg in seinen Kahn und wollte mit. Der Kutter war voll mit Netzen und Werkzeug, und in der Mitte tuckerte ein sehr alter Motor. Als der Fischer mich kommen sah, schaltete er den Motor wieder zurück und schaute mich an. Nachdem er meine Bitte gehört, zuckte er mit der Schulter, deutete auf die Insel draußen im Meer; da muß er hin. Ob ich für eine Fahrt von mehr als zwei Stunden bereit wäre, fragte er mich, und daß er morgen erst wieder zurückfährt, so Gott es will. Ich fragte ihn, ob ich übernachten könne in seinem Haus, und er sagte ja. Eine Matratze sei da und eine Decke. Da stieg ich ein. Er streckte mir seine Hand entgegen und half mir in den Kahn. Zwischen Schmieröl und Seilen suchte ich einen Platz. Er fragte, ob es mir nicht zu schmutzig sein würde; es war mir gleich. Ich sagte, daß ich in sauber lackierten Schiffen schon sehr oft gefahren sei, aber in einem richtigen Arbeitskahn nie. Wieder fühlte ich mich genauso wie damals als Kind mit dem Aquariumfrosch. Er war der Ersatz für das Leben der

Fischerkinder. Es war dasselbe wie mit dem Kahn. Luxus, in jeglicher Form, ist immer Ersatz für die Wirklichkeit, die man entbehrt.

Der Kutter war hellblau, sehr alt und verkommen, aber ich hatte nicht das Gefühl von Unbehagen oder Unsicherheit. Als wir das smaragdgrüne Meer hinter uns ließen und seine Farbe immer tiefgrüner wurde, um schließlich in gleichbleibendem Schwarzblau zu enden, war mir nicht ängstlich zumut. Auch als plötzlich ein Wind aufkam, blieb ich ganz ruhig. Das Schiff schaukelte stark, das Wasser reichte bis an die Kante heran, und der Fischer drückte mir eine Schöpfkelle in die Hand, warf mir aber einen beruhigenden Blick zu, der sagte, daß nichts passiert. Der Mann war kein mediterraner Typ, hatte goldbraune Haare, die an manchen Stellen hellblond ausgebleicht waren. Auf seinem Kopf trug er eine rote Strickmütze, und seine Augen waren sehr blau und strahlten Freundlichkeit aus. Irgend etwas Altbekanntes war an dem Mann, und ich wußte nicht was. Ich sah seine Flickenhose, den zerfetzten Pullover und fühlte in diesem Moment sein Geschick. Ich überschlug, wie oft er solch eine Kiste wie heute wohl verkaufte, aufgrund schlechten Wetters und langer Vorbereitungszeit, und kam auf ein sehr geringes Monatseinkommen. Der Motor machte solch einen Lärm, daß kaum eine Verständigung möglich war zwischen uns zweien.

Als wir nah an der Insel waren, warf er die rosa Netze ins Wasser hinein. Sie waren sehr fein und mit Bleibällen beschwert. Das Auslegen dauerte eine Stunde, und als er den letzten Meter versenkt hatte, nahm er die Mütze vom Kopf und sprach ein Gebet. In diesem

Augenblick dachte ich an den stürmischen Chiemsee zurück und an die schwarze Wetterkerze am Tisch. Auch damals beteten sie laut. Ich hoffte zu Gott, der Fischer möge einen guten Fang machen und nickte ihm aufmunternd zu. Er zwinkerte mit den Augen lächelnd zum Himmel hinauf und bedeutete mir, von wem er abhängig war. Dann zog er seine Strickmütze über die Ohren herunter, rieb sich die Hände, schaltete den Motor auf Hochtouren und wendete das Steuer herum. Es war nur ein einfacher Holzbügel am Ende des Schiffs.

Seine Insel kam immer näher. Ich sah wenige Häuschen und ein paar Leutchen davor. Sicher hatte seine Frau schon gesehen, daß da jemand im Boot saß neben dem Mann. Die Insel ist eine Felsenwüste, unbegehbar und steil. Auf einer einzigen Seite ist sie von Grün bewachsen, das wie ein dichter Teppich ausgelegt ist über den Hang. Dort stehen vier Häuser und dort weiden Ziegen mit goldenen Zähnen, die sie einem seltenen Strauch verdanken. In den Felsen nisten zahllose Möwen. Ihre Laute sind vielfältiger Art, und nach einer Zeit kann man ihre Sprache verstehen.

Als sie uns landen sehen, begrüßen sie uns mit großem Geschrei, verwundert über den Gast. Auch die Ziegen stehen ganz still und beobachten was da geschieht. Ein kurzer Steg zum Anlegen führt heraus ins Meer, das rund um die Insel dunkel ist, seltsam und tief. Auf dem Steg stehen die Fischerkinder. Das kleinste ist drei, das älteste zwölf. Sie stehen da, mit zerrissenen Röckchen, ausgefransten, geflickten Hosen, ungewaschenen Köpfen und sind sehr scheu. Als wir näher kommen, schauen sie mich nicht einmal an, während das Kleinste selbstvergessen an seinem Daumen

rumlutscht. Der Vater ruft ihnen ein paar aufmunternde Worte entgegen, dann holt er aus dem Schiff eine Schachtel mit Zucker und Öl. Auch ein paar Äpfel hat er gebracht. Dann macht er den Kahn fest und hilft mir heraus. Die Kinder stehen mit offenem Mund.
Ich denke an die Fischerkinder vom Chiemsee und freue mich, daß es sie doch noch gibt. Leider nicht mehr bei uns an den bayerischen Seen, aber doch immer irgendwo auf der Welt.
Das Häuschen ist etwa fünfzig Meter entfernt und hat einen kleinen Garten mit grünem Salat. Vor dem Haus flattern, wie sich's gehört, Netze zum Trocknen im Wind. In der Türe steht eine schwangere Frau, einen dunklen Haarschopf im Nacken gebunden, barfuß, mit lächelndem Blick. Sie hat keine Ahnung, was ich hier will. Wie soll ich sagen, daß ich einem Traum meiner Kindheit nachgerannt bin? Soll ich erklären, worin meine Sehnsucht besteht? Was ich erkannte nach endlosem Irrtum, daß nämlich alles Glück dieser Welt in der Bescheidenheit liegt? Das könnten die Fischer niemals verstehen! So sage ich einfach, Fotos möchte ich machen, doch da schütteln sie bedenklich den Kopf.
Wir gehen alle miteinander ins Haus. Eine kleine enge Küche, in der man sich kaum umdrehen kann, mit einem Gasherd und Töpfen an der Wand. Das Wasser holt man in Krügen aus einer Quelle. Elektrisches Licht gibt es nicht. Kerzen sind da für den Fall, daß einer wach bleiben will. Ihr Tag endet mit dem Einbruch der Nacht und beginnt, wenn die Sonne aufgeht! Die größeren Söhne fahren dann mit dem Vater hinaus und helfen beim Fang. Unzählige Haken stecken, perfekt geordnet, an einer Kiste, die aussieht wie ein sel-

tenes Musikinstrument. Ein Tintenfisch dient zum Ködern der Fische. Seinen wabbeligen Leib teilt man mit einem scharfen Messer in Würfel, zuckerstückgroß. Dann beginnt eine Geduld erfordernde Arbeit, alle Kinder helfen dabei. Die Köderstückchen werden an die vielen, vielen Haken gespießt. Es sind ein paar hundert Angeln, und man muß vorsichtig sein, sonst werden die Schnüre durcheinandergebracht. Kein Kind darf dem anderen dazwischenkommen mit seiner Hand. Sie sitzen an den Kisten zu vieren, und die Arbeit läuft ab wie am Fließband, präzis und genau, nur daß es keine Lochkarte gibt. Es gibt auch keine Sirene und keine Kantine noch irgendeinen äußeren Zwang, alles geschieht in scheinbarer Freiheit, scheinbar wohl deshalb, weil sich auch hinter dieser Freiheit ein Arbeitgeber verbirgt, einer, mit dem man nicht spaßt. Bruder Hunger und Schwester Armut sind zwei bekannte Gesichter in ihrem Haus, und damit sie nicht allzu großmächtig werden, muß man viel tun.

Die Kinder laufen barfuß herum. Einer hat seine Hosen mit einer Schnur um den Bauch festgebunden, und ihre Pullover und Blusen sind zerrissen und alt. Die Jüngeren tragen die Sachen der Älteren auf. Gesicht und Hände haben gewiß schon lange keine Seife gesehen. Die Mutter teilt den Apfel genau in vier Teile, einen anderen in drei. So ergeben sich sieben Teile, für jedes Kind einer. Hier teilt man den Apfel, und draußen gleiten die Wohlstandsmenschen auf ihren Surfingbrettern über das Meer. So vergnüglich wie für die Kinder die Äpfel ist für die anderen das Meer. Wenn man ein wenig nachdenkt, so findet man heraus, daß in allem eine große Gerechtigkeit steckt.

Am Abend sitzen wir noch lange zusammen, und der Großvater mit der Baskenmütze zieht an seiner kalten Pfeife und nuckelt am Wein. Der Tabak ist wieder einmal zu Ende, Geld hat er nicht – was er der Industrie in die Schuhe schiebt und ihrer Verseuchung der Welt. Vor fünfzehn Jahren noch hat das Meer das Dreifache gegeben wie heute, keins seiner Kinder hat jemals Hunger gehabt. Er deutet auf die Muschelbänke hinaus, die herausragen aus dem Meer. Es ist gefährlich, die Muscheln zu essen, sie ernähren sich von allem Unrat, den der Hafen anschwemmt. Dem Wind kann man nicht sagen, wohin er sich drehen soll und in welche Richtung die glotzenden Ölpfützen treiben. Nein, die guten schwarzen Muscheln essen sie schon lange nicht mehr. Auch kein Fleisch. Nur ihre Fische, Spaghetti und Brot. Alle sieben Kinder sind trotzdem gesund, sehen besser aus als die Kinder der Stadt. Das liegt nicht allein am Essen, sondern an ihrer ganzen friedlichen Welt. Sie scheinen ganz fest in sich verankert zu sein, denn als ich den kleinen Mauritius frage, wer denn der Größte sei in der Familie, da antwortet er, der Größte ist unser Papa, dann kommt Gott und dann Jesus Christus! Die anderen pflichten ihm bei, und es besteht bei keinem ein Zweifel, daß es so ist. Auch nicht bei der Mutter, dem Vater oder dem Großvater, der zustimmend nickt. Er wiederholt des öfteren, daß sie zwar arm seien, aber immer voll Hoffnung, daß für einen Fischer die Hoffnung das einzig Wichtige sei, nur die Hoffnung locke die Fische heran und der Glaube an Gott.

Nachts lag ich auf einer alten Matratze, die fürchterlich stank. Alles stank ja nach Fisch. Nur bei der

Decke machte es mir etwas aus. Ich schob sie so weit weg von der Nase wie es ging. Und ich fror. Wenn man friert, ist eine Nacht doch sehr lang. Die Kinder lagen zu dreien im Bett und froren nicht so wie ich. Sehnsüchtig wartete ich auf den Tag, der langsam aufkam. Ich saß vor dem Haus mit der Decke um meine Schultern und blickte auf den orangeroten Streifen am Horizont. In allen Tönen, vom Gelb bis zum Rot begann er zu glühen, lange ehe die Sonne sich hob. Da trat der Fischer heraus aus der Tür und sagte, wir müßten jetzt gehen. Zwei seiner Söhne kauten an einer Semmel vom vorhergehenden Tag. Ich hatte furchtbaren Hunger, aber ich wollte fühlen, wie es den Fischerkindern so geht. Oft ist gar nichts im Haus. Der Hunger macht ziemlich gereizt, aber man gewöhnt sich daran. Bis zum Mittag wollte ich aushalten, was zwei Drittel der Menschheit lebenslang aushalten müssen. Wir stiegen ins Schiff, und der Fischer hoffte auf einen größeren Fang. Den allerbesten Fisch wollte er mir schenken, und er sollte zu Mittag gebraten werden von seiner Frau. Auch ich hatte Hoffnung an diesem Morgen, denn nachts war ein heftiger Wind gewesen. Die Fische waren sehr hungrig und bissen gut an. Zuvor wollte er aber nach seinen Netzen sehen, und wir fuhren um die Insel herum. Wir kamen an den Platz, wo er sie tags zuvor ausgelegt hatte. Die Fischerkinder kannten den Ort und griffen ins Wasser hinein. Viele Meter kamen heraus, völlig leer, ohne einen einzigen Fisch. Gespannt waren alle Augen auf das Netz gerichtet, und es war mir wie damals als Kind mit meiner hüpfenden Schnur. Nur ein großer Unterschied war dabei: daß die Fischerfamilie wahrhaft bangte um ihre

Ernährung, ein leeres Netz war eine echte Bedrohung für sie. Endlich kam eine lange Muräne heraus, schwarzgelb gefleckt, mit bösartigem Blick, aber recht wohlschmeckendem Fleisch. Eine Muräne als erster Fisch bedeutet kein Glück. Ein paar Meter weiter zappelten zwei rosarote Pagelli, die zum Besten gehören, was es im Mittelmeer gibt. Die Kinder waren sehr glücklich und warfen sie in die Kiste hinein. Daß man sie langsam ersticken läßt, tat mir sehr leid, aber was kann ich ausrichten gegen ein weltweites Fischergesetz? Einmal wird es vielleicht keine Fischer mehr geben, noch Fische im Meer.

Nach den drei herrlichen Brocken kam lange nichts mehr. Der Fischer sagte, daß es oftmals so sei. Man glaubt, es gäbe einen herrlichen Fang, aber es ist schon aus. Wir fuhren ziemlich nahe an dem steilen Ufer vorbei, wo die Felswände überhingen ins Meer. Es war jene Seite der Insel, die nicht betreten werden durfte, und ich blickte hinauf in den zerrissenen Stein und hatte plötzlich das unangenehme Gefühl, daß wir beobachtet wurden. Ferngläser fühlte ich auf uns gerichtet, suchende Augen aus irgendeiner Grotte heraus. Aber ich konnte niemanden sehen. Wäre nicht der rotleuchtende Turm dort oben gewesen, ich hätte in dieser Steinwüste an keine lebende Seele gedacht! Der Fischer flüsterte, die Insel sei voll von Soldaten und von unterirdischen Gängen durchbohrt. Plötzlich begannen die Buben heftig zu zerren am Netz. Der Vater meinte, es wäre wohl wieder einmal auf Grund gegangen, wegen des Sturms in der Nacht, und habe sich in einem Felsen verhängt. Zu dritt bemühten sie sich, und der Fischer bekam einen düstern Blick. Die Kin-

der waren voll Hoffnung, einen großen Fisch gefangen zu haben und zogen wie wild. Ich weiß nicht, wieso ich plötzlich an den schwarzen Hecht denken mußte, dieses Fabelwesen, das in meiner Kindheit den Chiemsee durchschwamm.
Plötzlich kam das Netz hoch. Darinnen war etwas Schwarzes, etwa zwei Meter lang, das schwappte nach links und nach rechts. Den Kindern fiel das Netz aus der Hand, der Vater sagte, dreht euch herum, schaut nicht hin auf den Fang! – Das schwarze Wesen steckte in einem Taucheranzug. Von seinem Gesicht war nicht viel zu erkennen, denn es mochte schon lange im Wasser gelegen sein. Der Fischer sagte, der Taucheranzug hat Löcher, fünf, auf der Brust. Wer hat den Taucher erschossen, wer war der Mann? Was sollten wir tun? Einfach wieder ins Meer fallen lassen konnten wir ihn doch nicht. Wir mußten ihn mitnehmen an Land, und dann dort die Polizei verständigen. Der Fischer machte das Netz fest am Kahn und bedauerte, daß es verloren wäre für ihn. In solch einem Netz konnte er keine Fische mehr fangen.
Wieder hatte ich das Gefühl, sie schauen uns zu, von den Felsen herunter schauen sie nach uns. Die Kinder saßen bleich auf der hinteren Bank. Der Fischer starrte aufs Steuer und gab sich wohl stärker als er war. Manchmal warf er einen flüchtigen Blick auf den Mann in dem Taucheranzug. Unsere Gedanken kreisten um ihn. Ich glaubte, es wäre ein Sommertourist, aber er sagte, daß niemand abgängig sei. Die Fischer werden als erste davon informiert, wenn jemand fehlt. Dann machte er eine versteckte Geste zu dem Wachtturm hinauf und formte die Lippen zu einem tonlosen

Wort. Ich wußte nicht, was er meinte, aber so viel hatte ich verstanden, daß der Tote mit der Insel in mysteriösem Zusammenhang steht. Wir brachten ihn auf die große Insel hinüber, doch war niemand besonders beeindruckt von unserem Fund, auch nicht die Polizei.

Ein paar Tage danach blieb ich an einem Zeitungsstand stehen. Die große Insel war darauf abgebildet, daneben die kleine. Über diese war ein transparenter Totenschädel gedruckt, in dessen einer Augenhöhle sich das Haus der Fischerkinder befand. Für ein paar Lire kaufte ich dieses Blatt. »Werden wir Atomziel?« stand da gedruckt, und ein Protestartikel, daß man gegen den Stützpunkt einschreiten solle – Ami go home!

Wenn ich jetzt Äpfel kaufe, nehme ich für die Fischerkinder immer zwei Kilo mit. Auf einmal ist gar kein Unterschied mehr zwischen ihnen und mir. Auf einmal sind alle Fischerkinder gleich mir. Merkwürdig, daß die Vorstellung der Atomspaltung das Gefühl von der Einheit erzeugt! Soll das bedrohliche Zeitalter nur dazu dienen, daß es eine Großfamilie von Fischerkindern erzeugt? Das wäre eine gewaltige Hoffnung und wohl sein einziger Sinn!

Ich, der Heilige Drei König

Die Weisheit ist nicht an Stand noch Beruf gebunden – auch nicht an Alter; denn oft tritt sie in einem Kind weit mehr in Erscheinung als in einem gebildeten Mann. Gelehrtheit und Weisheit haben nur in seltenen Fällen etwas miteinander zu tun, denn wenn Weisheit von Gelehrtheit abhängig wäre, gäbe es unter den Analphabeten nur ganz dumme Leut'. Das ist aber nicht wahr. Ungebildete Völker sind auch noch unverbildete Völker und tragen demzufolge ein Urbild der Wahrheit in sich.

Mich hat es als Kind schon immer zu den einfachen Leuten gezogen, zu den Bauern am Land. Nur auf dem Land war ich froh. Mag sein, daß ich tief in mir fühlte, daß die Bauern dem Geheimnis unseres Lebens viel näher waren als der Mensch in der Stadt. Gott zeigt ja in der Natur seine Wandelbarkeit, sein Angesicht zwischen Hagel und Blitz und seine Lieblichkeit in den Lerchen im Blau.

In der Zeit, aus der ich berichte, waren die Bachbetten noch nicht reguliert und mit vielen Blumen gefüllt. Auch die Wiesenkapellen nicht vor Dieben versperrt! Heute kann man seinen Strauß höchstens ans Gitter hinstecken, wie an eine Heiligen-Gefangenenanstalt. Heilige sind aber frei. Darum verliert auch ein Heiliger, den man stiehlt, seinen Glanz, er zieht sich zurück, weicht aus dem Holz oder der Leinwand und entflieht!

Im Antiquitätengeschäft, wo man ihn dann verhandelt, ist er gar nicht mehr da. Was bleibt, ist ausschließlich ein materieller Wert, und die Materialisten erkennen nicht, wie sie sich selbst betrügen mit so einem Kauf. In früherer Zeit standen überall auf dem Land die Türen weit offen, und schöne gemalte Marterltafeln im Feld luden den Wanderer ein zum Gebet. Das Marterl zeigte, wie die arme Seele vom Blitz getroffen worden ist, oder die Bremsen vom Schlitten blockierten. Auch Marterln gibt es kaum mehr. Der Zeitgeist hat vor nichts mehr Respekt, darum ist er so arm. Der Zeitgeist ist tief zu bedauern. Aber bedauern können ihn nur jene, die einen anderen kennen, nur ihnen gelingt ein Vergleich. Zahllos sind die Formen des Geistes. Vom Geist der Barockzeit kann man viel reden, einen echten Begriff machen kann man sich nicht. Aber wenn ich vom Geist meiner Kinderzeit rede, gibt es noch viele, die sich angesprochen fühlen dabei. Damals war Weihnachten noch Weihnachten und Heilig Drei König ein heiliges Fest.

Ferien vor dem Krieg verbrachte man selbstverständlich im eigenen Land, und nur ganz wenige reisten über die Grenzen hinaus. Nur weil meine halbe Familie aus Österreich stammt, fuhren wir nach Tirol. »Nah' an die Grenz«. Die Tiroler sagen: »Mir fahrn as Boan außi« – nach Bayern hinaus, während man umgekehrt »as Tiroi« einig'fahrn is, »wenn man in Boan außtn war...!« Achtzig Kilometer waren es damals und jetzt zu unserem Sommerfrischort, und nur wenige Male hatte ich das Glück, auch um die Weihnachtszeit dort zu sein.

Ich war bei den Bauern daheim, fühlte mich als eine von ihnen, obwohl ich für sie eine Städterin war.

Auch von meiner Leidenschaft für ihr Brauchtum wußten sie nichts. Bauernbräuche waren für mich derart geheimnisumwittert, daß ich ihnen im Lauf meines Lebens beharrlich nachspionierte und erst später oft ihre Bedeutung erfuhr. Es liegt jedem Bauernspruch tiefe Weisheit zugrund. Auch was oft als Aberglaube erscheint, erweist sich am Ende als wahr, wenn man die Geduld zum Nachforschen hat. Bauernregeln sind Wahrheit und Weisheit. Traurig, daß sich selbst der Bauer heut irrmachen läßt!

Im Winter war's in Tirol völlig leer. Skifahrer gab's kaum. Wintersport kannte man wenig. Ich hatte zwar ein paar Ski, aber das waren nur zwei hölzerne Bretteln mit ein paar Riemerln darauf, eine Bindung, die man alle Augenblicke verlor. Der Ski sauste dann an den nächsten Tannenbaum hin, und man versank mit dem einen Fuß bis hinunter, wo der letzte Herbstschwammerl Winterschlaf hielt. Das Skifahren war für uns Kinder keine fröhliche Sache, aber das »Schlittelfahren« schon. In Tirol rodelten wir die einsamen Bergwege hinunter und gingen dann eine Stund' wieder hinauf. Schlitten hatte jeder Bauer, damals wie jetzt. Autos gab's nicht im Gebirg, nur Kuhfladen, die bremsten die Fahrt. Ausweichen mußte man höchstens dem Brottrager, der mit einem Korb auf dem Rücken, einer Kraxn, die einsamen Höfe abging. Weinberlweckerl und Zeilensemmln trug der herum und die neuesten Geschichten vom Leben und Tod. Der Brottrager und die »Natherin«, die Hausschneiderin, ersetzten die Klatschblätter unserer Zeit. Nur ein Unterschied war: ihre Erzählungen konnte man prüfen auf ihren Wahrheitsgehalt.

Als wir in jenem Winter dort ankamen, führte nur ein Holzweg hinauf auf den Berg, und an einem sonnigen Hang neben dem dampfenden Misthaufen lag unser Hof. Es war ein Hof ohne jeden Komfort. Das Wasser pumpte vom Tal ein Widder herauf, Tag und Nacht. Das hörte sich an wie der Herzschlag der Au, und im selben Rhythmus kam heroben das Wasser heraus. Gump, gump, gump, dröhnte es dumpf unterm Schnee – und wehe, es wurde zu kalt, dann bildete sich ein meterlanger Eiszapfen am Hahn und der Brunnen erfror. Das grüne Moos konnte man dann herausbrechen und auszuzeln vom Eis. Auch im Bett mußte man aufpassen, daß man nicht anfror am Tuch. Das Bauernbett bestand damals aus Stroh, auf dem ein Unterbett lag. Zum Aufschütteln brauchte man viel Kraft und darum tat man's nicht oft. Über das Unterbett waren dann eine Decke und ein Flanelltuch gespannt, und »Hennafedern-Kopfkissen« lagen darauf. Ein Plumeau, hoch und feucht, wie ein bedrückendes Wolkengebirge, deckte uns zu. Je nachdem dauerte es oft eine Nacht, bis es aufgewärmt war. Erst gegen Morgen gaben die toten Federn die Wärme zurück. Die Luft mußte man selber heizen durch seinen Hauch. Der stieg zu den alten Balken hinauf, wo die Holzwürmer tickten. Es war unsagbar kalt.
Eine Winterfrische war kein reines Vergnügen, auch wenn aus der Holzdecke über dem Kachelofen unten in der Stube ein viereckiges Loch herausgesägt war. Durch dieses Loch konnte die Wärme hochsteigen zu uns. Wenn man sich also oben im Schlafkammerl auf den Boden hinlegte, konnte man mit dem Arm hinunterlangen in die Stube. Da hingen die schafwollnen

Socken der Holzknechte um den Ofen herum. Diese »Wintersocken« waren mit vielen Flicken besetzt, hauptsächlich die Fersen, denn sie mußten viel herhalten im Wald. Der Holzersocken war so hart wie man ihn sprach. Dazwischen hing ein »Jagerhuat« mit einem trockenen Edelweiß darauf. Durch das Wärmeloch drangen auch viele Gerüche, die sich vermischten zu einem Geruch, den man als »Bauerng'ruch« kennt. Schnupftabak, Pfeifendampf, Stallschuhe, Kletzensaft, Sautrank, und um die Weihnachtszeit heiliger Rauch. Um Drei König hat man in allen Häusern geräuchert mit orientalischem Rauch. Auch war es üblich, daß man am Drei-Königs-Tag zum Sternsingen ging, und viele waren unterwegs. Die Kinder zogen von Haus zu Haus mit einem Sack, sangen, sagten Gedichte und trugen Krone und Stern.

Einmal hatte ich als sechs- oder siebenjähriges Kind ein Sternsingen erlebt. Ich wollte auch so einen Heiligen Drei König machen, aber sie ließen mich nicht. Es dauerte sehr viele Jahre, bis es dann ging. Ich war elf, der Winter war kalt. Weil jeder Straßenverkehr fehlte, herrschte lautlose Stille im Wald. Meine Mutter gab meinem Betteln nach, sonst wäre ich heimlich davon. Die andern zwei waren schnell beieinander. Sie versprachen sich großen Erfolg. Man bekam nämlich Kletzen geschenkt. Manche Bauern gaben auch Weihnachtsgebäck, Äpfel, Nüsse und Geld. Der Peppi war ein rotblonder »Loder« von zwölf. Ausgeschaut hat er wie sechzehn. Seine Nase war ein echter Tiroler Zinken und ums »Mei« stand ihm ein »Barschtei« herum. Gletscherblaue Augen lagen ihm viel zu nah beieinander, während seine Ohrwascheln wegwiesen vom

Kopf. Der Peppi hatte sehr lange Arme, fast wie ein Aff. Das gab ihm auch beim Gehen so ein schlaksiges Aussehen, so als könnte ihm gar keiner was anhaben, als lupfte er einen jeden so wie er's braucht. Als Raufer war er gefürchtet wegen der Arme. Die Buben gingen ihm aus dem Weg, aber er forderte sie heraus. »Geh her, wannst dir traust«, drohte er da und zog den Kopf ein wie eine Wasserschildkröte und ließ seinen Arm baumeln ums Knie.

Das war der Peppi. Er wollte den Kaspar machen, weil er so blond war wie der. Seine Mutter band ihm ein weißes Bettuch um seinen Leib und darunter trug er einen Schafwollpullover, grün und sehr hart. Er war nämlich aus handgesponnener Wolle, aber so empfindlich wie heute war man damals noch nicht. Unten rum trug er seine Bundlederhose und einen breiten Gürtel, wo daraufgestickt stand: Tirol bleibt Tirol. Seinen Kopf zierte eine sehr schöne Krone. Nicht aus Papier, sondern aus goldenem Stoff. Eine genähte Krone mit Glassteinen, rot und grün. Die Krone hatten sie schon länger im Familienbesitz. Er sollte sie ja wieder heimbringen, sagte man ihm, sonst bekomme er Schläg.

Mein anderer Partner war der Martl. Sein schwarzer Lockenkopf, selten gekämmt und noch seltener gewaschen, machte ihn für mich zum schönsten Tiroler rundum. Er war um einen Kopf größer als der Peppi und ganz erhaben über die Welt. Interessant, daß er kaum redete und einen strafte mit Ignoranz. Vierzehn Jahre war er damals schon alt und ein gestandener Mann. Seine Eltern nahmen ihn zur Roßpflege her, und so sah ich ihn manchmal reiten, wobei er pfiff oder ein Jodlerlied sang. Dem Martl seine kohlschwarzen Augen spähten auch herum nach dem Wild. Auch auf Weiber war er schon aus. Auf solche mit zwanzig. Ich war für ihn nichts. Ich war ein Kind, eine Stadterin, die man so mitkommen ließ und beim Watten betrog. Gewattet haben wir oft miteinander, als einzig verbotenes Spiel.

Nun, mit dem Peppi war alles klar, der machte den Kaspar, aber zwischen dem Martl und mir gab es Streit. Ich wollte nämlich den Melchior machen, den Schwarzen, und das wollte er auch. Da ich aber ein Mädchen war, hatte ich wohl einen Grund. Ich mochte nicht erkannt werden zwischen den Buben. Aber der Martl sagte auch, er wollte nicht, daß man sieht, wer er ist, und wenn er erkannt würde, machte es gar keinen Spaß, da bliebe er daheim. Meine Mutter redete ihm gut zu und meinte, als Mann müßte er ein Einsehen haben mit mir, ich sei eben ein Kind. Diese Worte beleidigten mich nun wiederum tief und ich rannte mit hochrotem Kopf in mein Kammerl hinauf. Ein Kind! Noch dazu vor dem Martl! Vor dem Peppi wäre es gleichgültig gewesen, aber vor dem Martl eben nicht. Warum? Das war mir selbst nicht ganz klar. Es war eben so.

Ich hörte, wie sie redeten über mich, bis meine Mutter mich rief, sofort runter zu kommen. Ich sollte zu bocken aufhören, sonst gingen die beiden allein. Da ich nicht wußte, wie viele Jahre wieder ins Land gehen würden, bis erneut Gelegenheit war, ein König zu sein, schneuzte ich mich. Verheult kam ich herunter und alle deuteten mein Verhalten falsch, wie zumeist. Sie glaubten, ich würde heulen wegen dem Melchior, da-

bei habe ich wegen dem Martl geweint. Der stand da und hielt mir eine große Kupferpfanne entgegen. »Da«, sagte er trocken »mach di jetzt schwarz.« Dabei zeigte er auf den Boden mit dem flaumigen Ruß. In der Pfanne wurde immer »Türken gekocht, Maismus am offenen Herd. Schwärzer ging es nicht mehr. Ich rieb mir die Backen ein und das ganze Gesicht. Meine Mutter wußte auch nicht, was ihr da blüht. Richtiger Ruß geht nämlich nicht so schnell ab. Der Martl trug ein Gewand, bodenlang, weiß, mit einem Strick um den Bauch. Seine Mutter hatte ihm eine Papierkrone gemacht. An einer Stange steckte ein riesiger Stern. Daneben trug er noch einen Sack und eine Petroleumlampe, falls es Nacht wird am Berg. Ab vier Uhr ist's ja schon Nacht, und das Sternsingen ist nur schön um die Zeit. Die große Streitfrage war, was ziehe ich an. Die Bäuerin gab uns ein Tuch, einen alten farbigen Lumpen, den band ich mir um. Meine Mutter wickelte aus einem Schal einen Turban, unter dem ich meine Zöpfe verbarg.
Das Herrichten war das Aufregendste und das Schönste, dann gingen wir los. Die Buben hatten genagelte Stiefeln an, aber auf meinen Stiefeln waren keine Nägel darauf. Meine Mutter fragte, wo wir denn überhaupt herumlaufen wollten, da sagte der Peppi, wir gingen sehr weit hinauf auf den Berg und dann hinunter in die Schönau. Sie kennen den Weg. Meine Mutter sagte, sie sollten mich halt ja nicht irgendwo allein stehen lassen, weil ich noch klein sei – ein Kind! Aber jetzt war es mir gleich. Ich war schon verkleidet, ich war schon der heilige Melchior, der hinter dem Balthasar ging. Der trug den Stern. Es hatte frisch geschneit

und kein Ast konnte sich rühren. Die Bäume trugen geduldig die Last, nur manchmal wurde es einem zu dumm und er schüttelte sich. Keuchend stiegen wir den Holzweg hinauf in einer ausgefahrenen Spur. Der Martl und der Peppi unterhielten sich, so daß ich gar nichts verstand. Sie stiegen so schnell bergauf, daß ich kaum mitkommen konnte. Ich, Melchior, der schwarze Drei-König, zockelte hinterdrein. Am liebsten wäre ich umgekehrt, aber jetzt ging es nicht mehr. Wenn ich ganz aus ihrer Sichtweite verschwand, blieben sie stehen und der Peppi pfiff zwischen den Fingern und schrie: »Schleun di a weng!« Das Wort sollte beschleunigen heißen, aber »schleun« konnt' ich mich nicht. Meine Beine waren zu kurz. Noch ging es, noch war es Tag! Den ersten Hof erreichten wir nach knapp einer Stunde. Sie mußten warten auf mich. Das war mein Glück, denn als Heilige Zwei Könige konnten sie nirgends anklopfen, sie waren nicht komplett. Sicher hätten sie mich sonst abgehängt und erfrieren lassen im Wald. Aber als drei waren wir ausgezogen und als drei mußten wir wieder heim.

So warteten sie vor der Türe des Anwesens, bis wir alle versammelt waren für den Gesang. Nachdem wir ausgeschnauft hatten, begann unser Lied.

> Die Heiligen Drei König
> mit ihrigem Stern,
> die essen und trinken,
> doch zahln tuns' nicht gern . . .

Die ganze Familie stand in der Tür und hörte uns zu. Die Bäuerin machte ein Kreuzzeichen, als ob sie sich richtigen Heiligen gegenüber befände, aber sie meinte sicher nicht uns, sondern die Weisen, an die wir erinnern sollten durch diesen Brauch. »Geht's nur einer«, sagte der Bauer und stellte drei kleine Schnapsstamperln hin auf den Tisch. Dann entkorkte er den schwarzgebrannten Obstler und schenkte uns ein. Ich hatte noch nie einen Schnaps getrunken. Der Martl kippte ihn hinunter wie's Wasser und der Peppi schüttelte sich. Ich hatte schreckliche Angst, aber ich trank. Eine weitere Blamage konnte ich mir einfach nicht leisten, ich als »das Kind«. Der Martl schaute mich höhnisch an von der Seite und fragte, ob ich noch einen mag. »Na, i mag koan mehr«, sagte ich und unterdrückte den Flammenbrand, der mir den Hals heraufschlug. Die Bauern fragten uns aus, woher ich denn wär' und bemerkten trotz totaler Schwärze bis über die Ohren, daß ich keine Hiesige war. Das war entsetzlich für mich und ich beschloß, ab jetzt den Mund nicht mehr aufzumachen, was auch immer geschieht. Wir hielten unsere Säckchen offen und bekamen das erste Geschenk. Die Bäuerin teilte genau, damit jeder das gleiche erhielt. Kletzen, Honiglebkuchen, Äpfel und für einen jeden zehn Groschen Geld. Das Geld nahm der Martl für uns in Empfang und sagte, wir teilen daheim. Er hatte nämlich als einziger einen richtigen Geldbeutel dabei.

Nachdem ein paar Gehöfte nah beieinander lagen, standen sie nebenan schon heraußen und erwarteten uns. Die kleinen Kinder plärrten, weil sie Angst hatten vor mir. Ich beruhigte sie mit meiner rußigen Hand. Wieder erklang unser Lied. Hier war der Erfolg nicht so gewaltig, außer ein paar Groschen bekamen wir nichts. Nur der Martl nahm Zigaretten, die billigsten von Tirol. Überall war es eben nicht gleich. Im dritten

Haus ging's wieder gut. Da bekamen wir so viele Nüsse, Honigkletzen und Weinberlwecken, daß unsere Säcke beinahe schon voll waren davon. Eigentlich hätten wir heimgehen können, aber der Martl sagte, jetzt ginge es erst an. Ich spürte die Wirkung des Schnapses schon ganz gewaltig, und man gab uns Wein noch dazu. Überall drückte man uns ein Glas in die Hand. Es war, als ob die Welt es darauf abgesehen hätte, Weise in die Irre zu führen. Überall wartete Schnaps, Wein oder Schnaps. Der Martl ließ sich oft noch ein zweites Glas einschenken und nach einer Stunde sang er im Wald und plärrte und schrie.

Nur ich ging noch einigermaßen grad. Ich nahm mir vor, keinen Schnaps mehr zu trinken, um nicht besoffen zu erfrieren im Wald. Inzwischen war es nun Nacht und die Laterne leuchtete uns. Die nächsten Anwesen lagen in der Schönau, etwa fünf. Oft war von einem Bauern zum anderen der Weg nicht geräumt, so daß wir tief einsanken im Schnee. Kalt wurde uns nicht. Im Gegenteil. Wir schwitzten vom Schnaps und vom Gehen. Nach zwei weiteren Besuchen war unser Sack brechend voll. Ab jetzt, sagte der Martl, nemma mir bloß no a Geld! Er war scharf auf das Geld, auf sonst nichts. Mir war es sehr peinlich, die freundlichen Geschenke der Bauern ablehnen zu müssen, und ich ließ es den Martl sagen, das mit dem Geld. Aber gerade Geld gab man nicht gern. Lieber Schnaps. Der Peppi und der Martl hatten endlich einen riesigen Rausch beieinander und auch ich fiel herum.

So kehrten wir heim. Nacht war's, sternenklar und mondhell – zum Glück. Kälter war es geworden und die frischgefallene Schneedecke beinhart gefroren.

Hinter der Wildschönau gingen wir fehl. Der Peppi wollte in seinem Rausch den Abkürzer nehmen, den fanden wir nicht. Bald endete die Spur, und wir standen mitten im Wald. Vom Berg herunter führte der Eisbach durch eine Klamm, die ganz schön steil war und gefährlich dazu. Der Peppi meinte, wir müssen über die Klamm, drüben wüßte er dann schon den Weg. Aber die Klamm war so glatt und hüben und drüben mit großen Eisflächen bedeckt, daß man schon beide Hände brauchte, um sie zu überqueren. In hohem Bogen warf als erster der Martl sein Sackl hinüber. Aber durch seinen Rausch konnte er nicht so gut zielen und es verfing sich im Gebüsch, ausgerechnet an einem Platz, wo man nicht hinkonnte, höchstens wenn Sommerzeit war. Dann warf der Peppi. Aber auch er hatte kein Glück. Das Sackl ging auf, schon im Hinüberfliegen, und seine Schätze fielen heraus. Sie sprangen und rollten im Finstern davon, und es gibt keinen Fluch, den er nicht ausgestoßen hätte dabei. Der Martl war noch gut dran – der hatte das Geld. Auf allen vieren kraxelte er die Felsen hinunter und kroch übers Eis. Drüben zog er sich an den Haselnußstauden hinauf und versuchte, sein Sackl zu angeln, aber er erwischte es nicht. Der Peppi zeigte sein Draufgängertum, indem er sagte, er hole es ihm, wenn er teilte mit ihm. In blinder Gier achtete er nicht auf die Absturzgefahr und rutschte und kraxelte wagemutig an diesen gefährlichen Platz. Sein langer Arm hatte das Sackl beinahe erreicht, da fiel er nach hinten und stürzte bergab. Fluchend spuckte der Martl in seine Hände und kletterte runter zu ihm.

Der Stern, der auf einer Stange im Schnee stecken

blieb, strahlte wenig Hoffnung auf ein gutes Heimkommen aus. Nachdem der blutige Peppi und der wütende Martl mir von drüben herüber zu kommen befahlen, stand mein Entschluß schon ganz fest. Das Sackl bleibt da. Die Trennung davon fiel mir nicht schwer, denn ich war nicht wegen der Geschenke zum Sternsingen gegangen. Ich wollte erfahren, wie das Heilig-Sein ist. Die beiden bedrängten mich, mein Sackl zu retten, aber ich folgte ihnen nicht. Da lag es im Schnee, Rehen und Hasen zum Fraß. Weil ich meine beiden Hände frei hatte zum Klettern, schaffte ich den schwierigen Übergang leicht. Irgendwo war dann auch wieder ein Weg, der uns hinausführte aus dieser Schlucht und weiter dann hinauf auf den Berg. Von dort oben war es nach Haus nicht mehr weit, man konnte den Hof schon sehen, und aus dem glitzernden Wald lugte ein Stück vom Kamin. Hinter einem vergitterten Fenster brannte noch Licht. Alle drei hatten wir eine ziemliche Alkoholfahne und unter der Rußschwärze war ich schneeweiß. Übelkeit kämpfte mit Angst. Wir kamen spät und erfolglos nach Haus. Der Peppi und der Martl schwankten den Holzsteg hinunter, ich blieb allein. Ich mußte alleine in meinen Bauernhof gehen.

Meine Mutter empfing mich mit Schweigen. Sie deutete mit dem Finger und wies mich ins Bett. Das einzige, was ich noch von ihr vernahm auf dem eiskalten Gang war ein »Wasch dich!« sonst nichts. Ich schlich in die Küche, schöpfte aus dem Herdgrandl den Rest lauwarmes Wasser und rubbelte mich. Ein Stückl Bimsstein war da, ein alter Herdlumpen und ein Stück Kernseife dazu. Aber immer wenn ich in den Spiegelscherben schaute, der an einem Nagel hing neben der

Tür, schrak ich zurück. Ich war immer noch schwarz. Mit Seife ging dieser Herdruß nicht ab. So schlich ich ins Bett und legte mein Gesicht auf ein altes Handtuch darauf.
So ist dieses Sternsingen zu Ende gegangen. Für mich war es ein sehr glücklicher Tag. Auch anscheinend ein sehr wichtiger, denn sonst könnte ich mich nicht heute nach vielen Jahren an alle Einzelheiten erinnern, so ganz genau.
Was aus meinen Partnern geworden ist, möchte ich kurz noch erzählen. Also: Der draufgängerische Peppi hat sich bei Kriegsausbruch sofort freiwillig gemeldet, obwohl sie ihn gar nicht haben wollten damals. Er war auch der erste, der dem Steinmetzen im Dorf Arbeit verschaffte, indem er nämlich den Namen vom Peppi als ersten an die oberste Stelle der Krieger-Gedenktafel schrieb. Josef Mühlleitner, steht da, zum ehrenvollen Gedenken.
Beim Martl dagegen kann man gut essen und schlafen. Matthias Kramberger bewirtet seine Gäste in einer hocheleganten Pension. Da ist alles aus erlesenem Holz und voll zweckentfremdeter Sprinnradeln, die zu Stehlampen umgebaut worden sind. Überall stehen kunstvolle Strohblumenarrangements. Ein paar schöne Heiligenfiguren hat er festgeschraubt in den Nischen, sicher geschützt. Er selbst trägt einen maßgeschneiderten Trachtenanzug und einen Ring mit einem dicken Brillanten darauf. Seine Lockenmähne ist lichter geworden, aber die pechschwarzen Augen lusen wie einst nach dem Geld. Bei all dem Luxus könnte man glauben, er sei ein zufriedener Mann ... Aber wenn man eine Kassiererin fragt, ändert sich das. Sie

haben ihn dick. Das Personal läuft ihm dauernd davon, weil er so geizt. Auch seine Frau hat ihn nach zwanzigjähriger Ehe verlassen, jetzt prozessiert er mit ihr. Außerdem hat er noch andere Prozesse am Hals – wegen Spekulationen. Die Bedienung sagt, daß er säuft und keinen Freund hat im Dorf. Auch seine Kinder, die groß sind, haben nichts mit ihm im Sinn. Der schöne Martl ist ein einsamer Mann. Das Geld damals in seinem Sackl, das hat er ja auch nicht mit uns geteilt!

Es ist eben sehr schwierig ein Weiser zu werden, wie man so sieht! Verkleiden tun sich ja viele, aber wenn man genauer hinschaut, bleibt es beim Schein. Das Sternsingen war eine ganz gute Lehre. Da hab' ich zum ersten Mal wirklich erlebt, wie es geht, wenn einer festhält am Zeug. Um Sachen zu retten, begeben sich Leut' in die größte Gefahr. Zum weise werden gehört aber, daß man loslassen kann. Eines Tages kommt der gefürchtete Sprung, und wie will man den machen und das andere Ufer erreichen mit viel Ballast. Niemand denkt gern daran. Und so fährt der Zug ins Morgenland leer. Es würde sich ja unsere ganze Weltsituation völlig verändern, wenn anstelle von drei Weisen dreihundert Millionen Weise unseren Planeten umkreisten, um ihren Geist auszubreiten in uns ...

Wenn der Tod stirbt

»Ja hör doch nur grad as woana auf...«, tröstete der alte Riedhofbauer seine Bäuerin, die da am Bett stand und klagte..., »as Sterbn, des hat doch no koan umbracht...« In wieweit er sich der Wahrheit dieses lapidaren Satzes allerdings bewußt war, entzieht sich der Kenntnis.

Der Riedhofer war der erste Tote, den ich von Angesicht sah. Er starb klaglos, zuversichtlich und fromm. Ich war damals fünf. Eine Horde Kinder lief zum Riedhof hinunter, denen schloß ich mich an. Jedes von ihnen hatte schon einen Toten gesehen, denn es war der Brauch, sie daheim aufzubahren in der schönen Kammer, am Hof.

Zwei Tage lang zogen die Dörfler an ihm vorbei und schauten ihn an. Als wir uns durch die Tür hineinzwängten, faßte ich das Lenei fest bei der Hand. Sie war größer als ich. Was für mich Stadtkind ein seltenes Ereignis war, war für sie nichts.

Im Gang standen sie an. Die Reihe schob sich langsam hindurch durch die Tür, und so warteten wir. Aus der schönen Kammer schwebten Weihrauchwölkchen heraus und ein Duft feiner Bienenwachskerzen. Neugier und Spannung war in mir, und als es soweit war, klopfte mein Herz.

Der Sarg stand auf mehreren Stühlen, ich sah nicht hinein. Zu seinen Füßen war ein Weihwassergefäß mit

einem Buchsbuschen darin. Jeder trat vor ihn hin, machte das Kreuz, tauchte den Buschen ein und besprenkelte ihn. Am Boden knieten die Frauen, die Ellbogen auf Stühle gestützt und beteten laut. Ich war sehr verwirrt. Voll Angst, mich falsch zu benehmen, irgendeinen unverzeihlichen Fehler zu machen, wollte ich fliehen. Den Bauern zu sehen, war mir verwehrt, denn der Sarg stand zu hoch. Da packte mich einer der Männer von hinten und lupfte mich hoch. »Da geh her Kloane, daß d' a amal a Leich siegst...«, sagte er leis' und ich schwebte zwischen Himmel und Erde.
Der Riedhofer war naß von dem vielen Besprenkeln, und sein Gesicht sah aus als wollte er schwitzen. Es hatte einen gutmütigen Ausdruck und seine Hände waren wie ein Stück Acker, grob, rissig und braun. Erschreckendes war nicht an ihm. Er hatte gewonnen im Tod. Da wurde ich auch schon wieder auf den Fußboden gestellt, und eine Bäuerin drückte mir den Busch in die Hand. Vorsichtig tauchte ich ein und sprengte das Weihwasser an seine Schuhe.
Dann liefen wir raus. Im Hof waren sehr viele Kinder, die plärrten und schrien. Wenn es gar zu laut wurde, zischte einer der umstehenden Leute: »Halt's as Mai...« Ich hatte alles schon halbwegs vergessen, da durchfuhr mich ein Schreck. Laut hörten wir auf einmal die Bäuerin klagen, sie heulte so laut, so markdurchdringend erbärmlich, daß wir Angst kriegten davon. Das Lenei war plötzlich ganz blaß, faßte mich an und sagte zu mir: »Jetzt machas zua!...« Das war der Moment, wo ich in unbestimmbares Entsetzen verfiel. Eine Welle von Trauer schwemmte mich fort. Tränen rannen mir übers Gesicht und ich weinte und weinte.

Mit der Person des Riedhofers hatte das gar nichts zu tun, sondern mit dem Tod. Zum erstenmal war ich Zeuge dieser Tragödie, dem Drama der Welt.
Jetzt machas zua . . . sagte die Leni. Jetzt ist es aus. Jetzt sieht man ihn nimmer. Jetzt ist er dahin – aber wohin? Das sagte sie nicht. Weil niemand mir auf die Frage antworten konnte, forschte ich nach. Die Worte der Leni waren wie ein Schlachtruf für mich: »Suche selbst!«
Mit der Suche beginnt auch der Kampf. Ein Kampf, der ein Leben lang währt und mit der Erkenntnis endet: Den Tod gibt es nicht. Er ist Illusion. Er bestreitet sein Dasein aus dem Bilderdienst eines niederen Bewußtseins, aus Phantasie. Wenn man ihm wahrhaft nachgeht, gründlich und scharf, löst er sich auf.
Es gibt drei Gruppen von Menschen: Die erste ist ganz der vergänglichen Außenwelt hingegeben und schreitet innerlich nicht fort. Sie kann sich von der Erde nicht hochheben. Für diese Gruppe gibt es den Tod. Die zweite zieht ihre Seele wenigstens zeitweise von den Eindrücken der Sinne zurück, im Verlangen, Höheres wahrzunehmen. Doch gibt es noch jene dritte Gruppe von gottähnlichen Menschen, die mit durchdringender Schau begabt sind, die lichtere Herrlichkeit einer höheren Welt zu erkennen, sich aufzuschwingen zu ihr und schon hier auf der Welt im Ewigen zu leben. Der dritten Gruppe könnte jeder angehören, wenn er sein Alltagswirken mit mehr Ewigkeitsbewußtsein erfüllte. Über ein Kleines kommt der Tod, darum bereite dich darauf vor, bereite dich vor auf die Freiheit. Der junge Mensch sollte den Tod genauso vor Augen haben wie der Greis. Wir sollten

ihn nicht als Übel betrachten, sondern als die große Verwandlung ansehen.

Wie gesagt, mit fünf Jahren wurde mein Interesse geweckt und riß nie mehr ab. Ich ging leidenschaftlich gern auf den Friedhof und sprach mit meinem Vater viel über den Tod. Und er tat das gerne. Er erzählte dann von seinen Schlachten, von Metz, Toul und Verdun, und wie er ihm oft ins Gesicht gesehen hatte und ihm dennoch entkam.

In der Schule sprach ich mit Mitschülerinnen darüber und begeisterte sie. Es waren unwissende Großstadtkinder, die noch nicht wie ich das Glück gehabt hatten, einen Toten zu sehen. Manche glaubten mir nicht. Denen mußte ich es dann vorspielen, wie's war. In einem Fall legte ich mich auf den Schulhof und stellte mich tot. Die Lehrkraft hatte dafür wenig Verständnis und züchtigte mich. Sechs Tatzen mit einem spanischen Rohr, das sie eingeweicht hatte, gab es dafür. Die Eingeweichten waren eine zusätzliche Strafe, sie taten sehr weh!

Ich wunderte mich. Sie war schon so alt und hatte anscheinend keine Ahnung vom Tod. Man kann also niemanden fragen, man muß selbst herausfinden, wie es ist. So setzte ich meine Untersuchungen fort. Es kann uns niemand die Mühe abnehmen, durch ein Labyrinth eigener Erfahrungen zu gehen. Zahllos sind die Begegnungen, bis wir verstehen! Jeder macht seine ganz persönlichen Gänge und Wege, doch die letzte Erfahrung ist allen gemein. Ewiges Licht. Leben – ohne den Tod. Als Kind denkt man, jeder sterbe nur einmal; dann stellt man fest, daß das Leben ein ständiges »Absterben« ist, wenn man so will. Auch auf der psychischen Ebene sterben unsere Ideen. Falsche Anschauung wird überholt – und zu Grabe getragen. Weisheit entsteht. Form vergeht. Viele fürchten sich vor der Verwandlung. Aber was kann denn ohne Verwandlung vollkommener werden? Der Wissende verhält sich dem Tod gegenüber weder ablehnend noch übermütig. Er wertet ihn als Teil des Lebensvorganges und denkt: Wie ich als Kind aus dem Mutterschoß hervorging, so scheide ich jetzt aus der Körperhülle. Diese Versetzung kann ich gelassen hinnehmen, wenn ich mir bewußt bleibe, daß der göttliche Teil an mir unberührt bleibt, wenn auch die Atome zerstäuben.

Nach einer Zeit des Nachdenkens erfolgte die erste Lektion. Ich begegnete meinem Tod. An die geringsten Einzelheiten erinnere ich mich noch ganz genau. Es war Ende des Krieges. Mager, in einem schwarz-weißen Kleid, saß ich in einem Personenzug – auf der Flucht. Viele Ortschaften waren besetzt, Neger rollten in Panzerwagen dahin – Aufruhr, Zusammenbruch, Chaos. In den Wäldern versteckt flüchtende Landser, Hunger, Feuer und Tod. Niemand wußte Genaues, keine Nachrichten mehr, überall lag der Feind. Wer bis jetzt durchgehalten hatte, wollte nicht sterben in den letzten Wirren der Zeit. Ich war von München geflohen zu meinem Sohn, der evakuiert war wie sehr viele Kinder, bei Bauern am Land. Nun in der Nähe von Memmingen bremste der Zug. Von Ferne hörte man die Sirenen der Stadt, und der Zugführer rief, wir sollten das Abteil verlassen. Er befahl, uns zwischen die Räder zu legen und die Geleise. Man war fliegererprobt – niemand regte sich auf. Gelassen folgten sie dem Befehl und krochen hinein. Ich selbst war bereits

sehr siegesgewiß und blieb stehen. Hunderte von Luftangriffen kannte ich schon, alle vom Schutzkeller aus, diesen wollte ich sehen. Ich war überzeugt, daß es um Memmingen ging, nicht um mich. Neugierig schaute ich in den Himmel und spitzte die Ohren.
Rundum dufteten blühende Wiesen, Bienen summten herum, bis es auch oben zu summen begann. Da waren die silbernen Punkte erst noch entfernt, schnell größer werdend und immer lauter flogen sie an. Gebannt schaute ich zu. In all den Jahren hörte ich nur, ohne zu sehen. Ich dachte nicht daran, sie würden sich für unseren alten Zug interessieren und war ohne Angst. Die Memminger saßen in ihren Kellern, während das ganze Geschwader über sie wegflog, irgendwohin. –
Ich war sehr froh, keine Bomben zu hören und setzte mich hin. Das Geschwader war schon wieder im Abflug, da rief einer laut: »Hinlegen, Tiefflieger kommen.« Das Geräusch gab ihm recht. In Begleitung der trägen Brummer hatten sich ein paar flinke Vögel befunden, von denen einer herabstieß auf uns. Sekundenschnell war er da, und ich konnte mich gerade noch hinwerfen ins Gras. Eine MG-Salve schlug ein paar Löcher in einen Waggon, weiter nichts. Dann gewann er schnell wieder an Höhe und flog ab. Man rief mir zu, zwischen die Räder zu kommen, er käme sicher zurück, aber ich wollte nicht unter den Zug. So sprang ich die Böschung hinunter ins Feld. Etwas Dümmeres hätte ich gar nicht tun können. Ich lief, rannte in die Wiese hinein. Der Tiefflieger kam nun zurück und es war, als hätte ich mich freiwillig als Geisel angeboten. Er schoß nur mehr auf mich. Der Zug interessierte ihn nicht mehr, ich war ein lustiges Ziel.

Im Zick-Zack-Lauf wie ein Hase erschwerte ich ihm die Jagd. Einmal schaute ich hoch, einen Augenblick nur, da sah ich den Mann. In der gläsernen Kanzel saß er, und ich sah das MG. Für die war es Sport. Sie verpulverten Munition nur aus Lust. Schleife um Schleife zogen sie über dem Feld und gaben nicht auf. Für ihren Jagdtrieb war ich ein lohnendes Ziel. Sie amüsierten sich sehr. Links und rechts schlugen die Garben ins Feld dicht neben mir. In wahnsinniger Panik lief ich auf einen Holzverschlag zu. Voll mit Heu. Der Pilot drehte im Augenblick ab und ich stürzte hinein und vergrub mich darin. Damit konnte der da oben sich nicht abfinden und stieß erneut auf mich zu. Saftige Garben setzten den Schober in Brand. Doch ich blieb, ich blieb so lange ich's aushalten konnte im Rauch. Die Schützen sollten befriedigt sein durch das Gefühl, ich sei tot. Einmal hörte ich sie noch, dann entfernten sie sich im Anblick des Feuers und es war still.
So wäre ich in den letzten Tagen des Krieges noch beinahe um meinen »Endsieg« gekommen und dumm gestorben – wie man so sagt.
Aber so war's nicht gedacht. Erst sollte ich lernen, zu leben. Lehrer in Wissenschaften und Künsten gibt es genug. Aber das Leben lernt man nur selbst das ganze Dasein hindurch, bis man Meister wird in dieser Kunst. Aus grauen Haaren muß man noch nicht schließen, einer habe lange gelebt; er hat wohl lange existiert. Wirklich lebt, wer sich nicht in Zukunftsplänen verliert, sondern der ständigen Gegenwart seine volle Aufmerksamkeit schenkt, so, als wäre jeder Tag den er ordnet, der letzte. Die Welt ist weder vollkommen noch unvollkommen, sagt Seneca uns, sie ist al-

leine das, was wir aus ihr machen. Je nachdem wie wir die Dinge ansetzen, erscheinen sie uns. Sie haben stets den Wert der Wirkung, die wir ihnen zudenken! An sich sind sie weder gut noch böse, erst unser eigenes Denken macht sie dazu. Der Weise sieht im Schlaf den Bruder des Todes, beide ändern das Bewußtsein, aber nicht das Wesen, das auch nach dem Todesschlaf einem neuen Tag entgegenschreitet. Auch Ovid ist von der selben Gewißheit beseelt: »Nicht ist sterblich der Geist, von seiner früheren Wohnung geschieden lebt er fort und bezieht seine neu ihm verliehene Wohnstatt.«

Der Mensch der nur glaubt, was er mit seinen bescheidenen Sinnesorganen wahrnehmen kann, ist von der Wirklichkeit unendlich entfernt. Der Materialist glaubt an die Endgültigkeit dieser sichtbaren grobstofflichen Welt aus zusammengefügten Atomen. Aber von einem Wissenschaftler wird uns berichtet, daß er, als er sich der Unhaltbarkeit seiner Vorstellung von einer festen Materie bewußt wurde, er nicht mehr im oberen Stock seines Hauses aufzutreten wagte, in der Angst, durchzufallen durch leeren Raum. Niemand kann sagen, woraus die Schöpfung wirklich besteht. Ob aus Schwingungen oder Teilchen? Die Wissenschaft weiß keine Antwort darauf, sagt »Schweilchen« dazu...

Wer möchte angesichts unserer Unwissenheit wirklich behaupten, daß es ihn gibt? Diesen Tod? Einer der bedeutendsten Zeugen der Wissenschaft für das geistige Weiterleben des Menschen war Arthur Ford. Er war das bedeutendste psychische Medium der Welt und hat das umfangreichste Beweismaterial für das Fortleben des Menschen nach dem Tod beigebracht. Er stellte sich bedingungslos in den Dienst der Wissenschaft, einer spitzfindigen und doktrinären. Durch sein Wirken wollte er das Terrain außersinnlicher Wahrnehmung erweitern.

Arthur Ford sprach mit den Toten. Sobald er in Trance fiel auf einer Séance, meldete sich das Jenseits durch ihn. Die Anzahl derer, die Kontakt aufnehmen wollten, war groß und er war dem »Andrang« nicht gewachsen. Da meldete sich denn einmal ein Mister Fletscher, der als junger Mann an der belgischen Front gefallen war und erklärte sich bereit, die Kontakte herzustellen. Ford überprüfte die Angaben Fletschers, indem er an seine Verwandten schrieb. Alle Daten sowie persönliche Schilderungen der Familienverhältnisse stimmten genau überein. Ford erkannte Fletschers Gesicht nicht genau, da es, wie er sagte, in dem Augenblick, wo er in Trance fiel, sehr nahe vor ihm auftauchte und dann in ihn überging. Mister Fletscher übermittelte nicht nur jahrelang Botschaften von der jenseitigen Welt, er machte auch Mitteilungen von Altsprachlern und Psychologen, die sich einer Terminologie bedienten, der kaum einer der anwesenden Gäste folgen konnte. Er sprach Chinesisch, Hindi, Arabisch, Deutsch und Italienisch und antwortete auf alle Fragen der anwesenden Séance-Teilnehmer. Er sagte von sich, er wisse selbst nicht, was er da sage, höre aber genau, was er zu sagen habe und was derjenige, der spricht, denke, und diese Gedankensprache sei nicht an Worte gebunden. Für den Neuankömmling in der anderen Sphäre gehe es vor allem darum, die Ausstrahlung der anderen Wesen aufzufangen und richtig zu interpretieren – nicht um mechanisches Erlernen von Sprachen und Wissensstoff.

Auch bei uns in Bayern gab es in diesem Jahrhundert einen großen Seher, der weit über seine Landesgrenzen hinaus Berühmtheit erlangte: den Wassersucher Alois Irlmeier aus dem Chiemgauer Land. Er war ein frommer, gutmütiger Mann, und sein Haus war ständig von einer Menge hilfesuchender Leute aus dem In- und Ausland umringt. Der Irlmeier irrt si' net, das hat man gewußt. Es wurde tausendfach bestätigt. Nach eigener Ansage liefen die Geschehnisse vor ihm ab, wie im Kino. Auch der Alois sah die Jenseitigen und redete mit ihnen. Sie waren für ihn nicht weiter entfernt als die verkörperten Leut! In der Kirche sah er sie am Sonntag zwischen den anderen sitzen. »Die Eing'schleierten ...«, wie er sie nannte. Übereinstimmend mit anderen Sehern erweckt diese Art von »Gewand« den Eindruck von Schleiern.

Einmal kam zum Irlmeier ein junger Mann und fragte ihn um Rat, was er tun könne, um sich mit dem todkranken Vater zu versöhnen. Da wendete der Alois seine Augen zur Tür und sagte: »Da kommt er grad' rein. Dei Vater, is scho bei die Eig'schleierten, oa Hand hat er am Buckl, die ander streckt er Dir hin ...« Da wurde der junge Mann blaß, denn es war die Gewohnheit des Vaters, einen Arm auf den Rücken zu legen. »Gib her dei Hand und versöhn di mit eahm.« Damit legte er die Rechte des Sohnes in jene der Schleiergestalt und sagte zu ihm: »Jetzt lacht er, dei Vater und sagt, Du sollst hoamgehn!« Nach seiner Rückkehr traf der junge Mann tatsächlich nur mehr den toten Vater, aber sein Gewissen war leicht. Der Irlmeier hatte geholfen.

Im allgemeinen ist die Gabe des sechsten Sinns unter den einfachen Menschen mehr verbreitet als in der sogenannten gebildeten Schicht. Ich selbst habe lange Jahre auf Sardinien gelebt, wo noch zum Großteil Analphabetentum herrscht in der älteren Generation. In diesem archaischen Volk stößt man überall noch auf die Fähigkeit, mit gewissen Naturkräften umzugehen. In jedem Dorf sitzen die Magas und die Seher.

Eine wesentliche Begegnung in meinem Leben, für die ich sehr dankbar bin, war der alte Manneddu. Ein sardischer Berghirte im Alter von hundertundzwei Jahren. Er übte eine starke Faszination auf mich aus, so daß ich oft stundenlang schweigend mit ihm an seinem Feuerlein saß. Er lehrte mich – ohne Worte. Seine Augen waren klar, seine Sinne so scharf wie die eines jungen Menschen. Im Dorf nannten sie ihn einen Propheten, denn er hatte den sechsten Sinn. Der Manneddu wußte schon Tage vorher, wer im Dorf stirbt. Er sah eine weiße Schleierwolke vor dessen Haus. Wie der Irlmeier, so behauptete auch der Manneddu, viele Verstorbene blieben in der Gemeinde als Schleiergestalten zurück und könnten sich nicht loslösen von ihrem Besitz. Auch die, welche mit Rachegedanken dahingegangen waren, blieben allemal da. Ihre Qual ist, daß sie nicht eingreifen können in das Geschehen, nur Zuschauer sind.

Der Manneddu sah auch seinen eigenen Tod. Ich erinnere mich noch genau, wie er an jenem Abend einfach nicht ins Bett gehen wollte. Er saß wie jeden Tag draußen im Hof unter dem Zitronenbaum und nuckelte an seinem Wein. Es fehlte ihm nichts. Die Leute kamen und gingen und er gab jedem den Segen. Das tat er immer, wenn jemand ging. Aber an diesem Tag zählte er schon zum wiederholten Mal heimlich sein Geld. Zu seiner Tochter hatte er morgens gesagt, daß er wohl sterbe. Niemand glaubte ihm, denn er war so gesund wie jeden Tag. Er selber wollte keinesfalls sterben. Deshalb ging er auch nicht in seine Kammer hinein. Sie mußten ihn zwingen. Gewaltsam zog man ihn aus, schnürte ihm die langen Stiefel auf und zwang ihn ins Bett. Der Manneddu wehrte sich heftig. Wiederholt wies er mit dem ausgestreckten Arm gegen die Tür und sagte, er sehe den Tod. Wir sahen nichts. Bald darauf fing er denn auch an mit dem Sterben, und gegen Mitternacht holte er ihn.

Wernher von Braun sagte: Alles was Wissenschaft mich lehrte, stärkt meinen Glauben an eine Fortdauer unserer geistigen Existenz über den Tod hinaus. Jeder Mensch, sei er nun gut oder schlecht, introvertiert oder kontaktfreudig, dumm oder gescheit, setzt nach seinem körperlichen Ableben sein persönliches Leben fort, darauf basiert jede Form von Religion. Alle Religionen der Welt lehren uns diese Wahrheit. Kaum ein großer Wissenschaftler dieses Jahrhunderts kommt an dieser Tatsache vorbei, aber die Erfahrung ist niemandem zu übermitteln, Erfahrung ist eine innere Sache. Sie hat ihren Ausgangspunkt in der Annahme dessen, was große Geister uns lehren. Im Glauben, der durch eigene Wachsamkeit und stete Beobachtung unserer Selbst und der Umwelt allmählich wächst und zu Wissen wird. Jenen aber, die in ihrem Herzen einfältig geblieben sind wie die Kinder, bleibt ein Suchen erspart. Sie können voll gläubiger Zuversicht wie der Riedhofer sagen: »Brauchst net woana Muatter, as Sterb'n hot no koan umbracht, des is ganz g'wiß ...«

Der schwarze Muck
oder von der Macht des Wortes

Die Macht des Wortes ist die gewaltigste Kraft, die es gibt und aus dem Wort ist gar alles gemacht... Wer denkt darüber schon nach? Wer hat da eine konkrete Vorstellung davon? Obgleich in unserer Umgangssprache ja überall hingewiesen wird auf diese Tatsache! Da spricht einer ein »Macht-Wort« und augenblicklich verändert sich eine Situation. Sie geben einander das »Ja-Wort« und schon sind sie Mann und Frau mit allen Pflichten und Rechten. Ein »Wort« hat den Onkel Albert so verletzt, daß er davon krank geworden ist. Hätte die Tante Annemie nur dieses eine Wort nicht gesagt. Er wär heut noch gesund!
Aber was ist dieses »Wort« denn wirklich? Es ist eine Kraft. Geist-Kraft. Mit Worten kann man alles wenden, verändern, schaffen und auch zerstören. Ein leeres Wort ist wie eine hohle Papierkugel, die zu Boden fällt; aber dasjenige Wort, das mit voller Geistkraft gesprochen wird, hat mehr Sprengkraft als Dynamit. In meiner Kindheit bekam ich einmal den Beweis geliefert von dieser Macht. Die Geschichte ist mir bis auf den heutigen Tag in Erinnerung geblieben und erst jetzt kann ich das Geheimnis ihrer Botschaft verstehen. Es war um die Mitte der dreißiger Jahre, in Tirol. Einen großen Teil meiner Kindheit hab' ich in Tirol drinnen verbracht, denn meine Familie fuhr seit Generationen dort hin. Immer ins vordere Kaisergebirge, in die Wildschönau oder zum Niederndorfer Berg.

Meine Großmutter erinnerte sich noch, wie um die Jahrhundertwende rundum die hellen Bergfeuer brannten – zum Geburtstag des Kaisers Franz Josef –, und sie wußte auch ganz unglaubliche Geschichten von Wilderern und ihrem schrecklichen Ende zu erzählen. Mit meiner Großmutter fuhr ich als Kind viel nach Tirol. Einen ganzen Tag reiste man an. Obgleich es nur 80 Kilometer sind von München nach Oberaudorf, mußte man doch einen Tag rechnen, mit Umsteigen und einem weiten Fußmarsch dorthin. Wir machten nämlich den Weg über die alte Innbrücke bei Erl immer zu Fuß. Von der Bahnstation im Bayerischen bis zu unseren Bauern im Tirolerischen war es fast zwei Stunden Weg. Darum haben wir auch beim Kramer Stürzer ein Leiterwagerl geliehen, um das Gepäck hinüberzuziehen über die Grenz. Die alte Holzbrücke über den Inn liegt heut ziemlich verlassen, und das ist ihr Glück. Den Autoverkehr hält sie nämlich nicht aus, und so wird sie nur noch von wenigen Fußgängern begangen, die sich dorthin verirren. Ich höre noch das Rattern des Leiterwagerls über ihr Holz und fühle, wie meine Großmutter mich fest an der Hand hält, damit ich nicht hineinfalle in den graugrünen Inn. Am rot-weißen Schlagbaum mußten wir niemals die Koffer aufmachen. Wir hatten auch nichts. Meine Großmutter höchstens ein paar Pinsel und Ölfarben, denn sie hat in Tirol gerne gemalt.
Geschmuggelt wurde seinerzeit viel. Aber weniger an der offiziellen Grenze als übers Gebirg. Es gab damals ganze Schmugglerringe für Schnaps und Tabak. Denn die Preise waren sehr unterschiedlich und nicht so wie heut. Die »Schwärzer«, wie man sie nannte, gingen

ihre Schleichpfade des Nachts übers Gebirg. »Schwärzer« hießen sie darum, weil sie ihre Gesichter mit Ruß beschmiert hatten, um sich unkenntlich zu machen. Die bärtigen Burschen trugen ihren Filzschlapphut tief im Gesicht und hatten eine weite Lodenkotze über den Rucksack gestülpt. So trampten sie durch Schluchten und Felsen in mondhellen Nächten hinüber nach »Boarn«. Im Dialekt hieß das folgendermaßen: »A's Boan geh'n ma außi und a's Tirol fahr ma eih!« – Früher war ich sehr geübt im Dialekt und war glücklich, wenn man mich für eine Einheimische hielt.

Damals gab es noch so gut wie gar keine Kriminalität, und selbst in der Nacht schlossen die Bauern oft die Haustür nicht zu. Weil nun so wenig Unbotmäßiges geschah, waren die kleinen Nachrichtenblätter froh um jeden Dieb. Einer, den man viele Jahre nicht fing, hatte sich schon ganz schön bezahlt gemacht in der Zeitung. Man wußte nicht, gehört er ins Bayrische hinüber oder rein nach Tirol. Der Volksmund nannte ihn einfach »Muck«, und weil ein schwarzer Bart ihn umflorte und wohl auch daß mit anderen untadeligen Menschen keine Verwechslung geschah, sagte man ein »schwarz« noch dazu.

Der »schwarze Muck« gab immerzu einen Gesprächsstoff ab. Ob über das Gartenzäunei, durch die feurigen Dahlienbuschen, oder hinten, im wohlwarmen Kacheleck mitten im Winter, beim Schnapseln oder beim Karteln, immer konnte man kommen auf ihn, immer gab er was ab.

Habt's es g'hört, beim Laber haben's einbrochen! – Woas ma scho wer des wor? – Der Muck is gwen, wer sihst? – Den schwarzen Muck gab's schon lang. Mindestens zehn Jahr. Er war alles in allem Wilderer, Einbrecher und Schwärzer, er war ein Lump. Unter den wenigen Lumpen stach er heraus. Mancher hat ihm auch einen Mord in die Schuhe geschoben, an einer Dirn. Die hat man damals in einer Almhütte gefunden, aufgekommen ist nichts.

Mit dem Muck war es so: Einen Wohnsitz hatte er nicht, nach Art vieler Vagabunden schlief er im Wald, Manchmal nächtigte er auch in den Heustadeln draußen im Feld, und ob er in der Gegend war oder nicht, konnte man sehen an abgebrannten Feuerstellen im Wald. Die stammten allesamt vom Muck. Da kochte er sich bei der Nacht seine Nocken, wie die Holzknechte es tun, aus Mehl, Wasser und Salz. Das rußige Pfandl trug er immer bei sich und einen Schwarten geräuchertes Fleisch. Auch ging ihm der Schnaps wohl nicht aus, denn die Quelle versiegte nicht leicht. Hatte er doch gewisse Geschäftspartner unter den Bauern, die ihren Selbergebrannten gerne in Bayern von ihm verkauft sehen wollten. So hatte er auch gewiß recht gute Freunde in manchen Holzfällern im Wald. Wenn sie das Mittagsmahl kochten, besprachen sie dann den nächsten Zug, der zu tun war im Schwärzerspiel gegen den Staat.

Auch die Grenzer kannten den Muck, aber sie trafen ihn nie bei einer Tat. Dazu trugen auch einige Sennerinnen auf den Hochalmen bei, die ihn, je länger, desto lieber, in ihrer Bettstatt versteckt hielten vor dem Zugreifen der Polizei. So kam's, daß es in der Umgegend ein paar kleine Buben und Mädeln gab, die als Kostkinder bei fremden Bauern untergebracht waren und die seine buschigen Augenbrauen trugen, als Stammesabzeichen. In ihren Standesamtsurkunden gähnte hinter *Name des Vaters:* phantasiefreier Raum. Wer wollte, konnte sich den Muck hineindenken, falsch war es nicht. Oft, wenn wir nach Tirol kamen, fragte meine Großmutter nach ihm, in der Hoffnung, daß man ihn schon gefangen hätte, den Lump. Als sie dann hörte, er habe – ganz im Gegenteil – wieder neue Schandtaten vollführt, schüttelte sie traurig den Kopf und meinte, die Polizei würde ihn ja nicht so leicht fangen, aber der Herrgott wüßte für alles einen Weg und hätte gewiß auch schon für den Muck seinen Plan. Ich habe den Worten meiner Großmutter vollkommen vertraut, denn alles, was sie sagte, war voller Liebe und Güte, und nie kam ein heftiges oder verletzendes Wort aus ihrem Mund. Ich dachte sie mir immer als Engel, und daß es im Himmel wohl wie bei meiner Großmutter sein muß. Auch über den Muck hat sie nie etwas Böses gesagt, sondern höchstens, daß eben Menschen mit einem schlechten Charakter tief zu bemitleiden wären und man glücklich sein dürfe, wenn man einen solchen nicht hat.

Oft und oft führte sie mich in die herrliche Kirche von Ebbs und erzählte mir von den Heiligen im Gold des Barock. Mein ganz besonderes Interesse galt aber einer übermannshohen prachtvollen Engelsgestalt mit erhobenem Schwert. Diese Figur war im Ausdruck meiner Großmutter sehr ähnlich und stellte den hl. Michael dar. Unter seinem Fuß wand sich ein scheußlicher Teufel mit wildem Raubtiergebiß und glotzte hinauf in das liebliche Antlitz dessen, der ihn zertrat. Immer und immer wieder zog ich meine Großmutter vor die Figur, und sie mußte mir wiederholt erklären, was gemeint war damit.

Wie alle Kinder hatte ich keinen Begriff von Gut oder Böse, ich war arglos mitleidig und fromm, und Gewalttätiges tun, war mir fremd. Niemals habe ich Tiere gequält, und mein unbezähmbares Temperament konnte die Großmutter nicht zum Vergleich nehmen mit dem häßlichen Teufel dort unter dem Fuß. Da half nur der Muck. Der heilige Michael sagte sie, würde ihn fangen, den Dieb. Eines Tages wird man hören, daß er eingesperrt sei. Mit einer Eisenkette wie dieser Finstere dort, angebunden in einem Kellerverlies. Irgendwann einmal bei der Nacht, wenn er schläft in seinem Heuschoberversteck, schwebe der heilige Michael vom Himmel herunter und binde ihn fest. Dann braucht bloß noch die Polizei kommen und ihn mitnehmen aufs Amt. So einfach ist das.

Auf dem Kirchhof war an einer Außenwand der Kirche eine Grotte aus Tropfsteinen gebaut. Dort lagen Gebeine und Schädel. Eine aus Eisenblech ausgeschnittene Fegfeuerszene inmitten der Grotte erschreckte mich sehr und ich ging mit geschlossenen Augen an der Hand meiner Großmutter vorbei. Über diesem Arme-Seelen-Gärtlein konnte man lesen, daß einer hier nicht austreten werde, es sei denn, der letzte Heller sei bezahlt... Meine Großmutter warf dort immer ein paar Groschen hinein, wie's der Brauch war, und woran die Gemeinde noch festhält bis auf den heutigen Tag. Um die Totenschädel herum lag denn immer ein beträchtliches Häuflein von Geld für die Armen Seelen zum Opfer, ihnen herauszuhelfen aus diesem Brand. Niemand hätte es gewagt, sich an diesem Geld zu vergreifen, außer dem Muck. Vor dieser finsteren Seele war nicht einmal ein Opferstock sicher, was zur damaligen Zeit mehr Verachtung fand bei den Menschen als jede andere Tat.

Eines Tages las man im Blatt, in mehreren Kirchen sei bei Nacht aus den Opferstöcken das Geld ausgeraubt worden. Die Bauern trugen seinerzeit ihr Geld noch sehr selten auf die Raiffeisenkasse und behielten es lieber im Hof. Seit Generationen waren die Verstecke stets gleich. Das Vermögen war entweder in einer Matratze zu finden oder in einem Strumpf, zwischen der »Wasch« im schönen Kasten oder im Wandkastel drin in der Stuben. Die ganz Vorsichtigen verbargen es auch manchmal im Keller, der aus Naturfelsen war, wo man Trinkwasser schöpfte aus dem Loch in dem Berg. Ein mit der Tradition verwachsener Tiroler war in der Lage, alle Verstecke der Reihe nach ausfindig zu machen, ohne Problem. Was nicht im Strumpf war, das war in der Matratze, im Kastl oder im Schrank, oder unter dem Sauerkrautstein. Der Muck hatte es leicht.

Die Heuschober waren voll bis unter das Dach und dufteten so stark nach dem Frischeingebrachten, daß man leicht Kopfweh bekam. Ich wollte so gerne im Heu draußen schlafen, aber das wurde niemals erlaubt. Es war ein strahlend blauer September, die schönste Zeit in Tirol. Das reife Obst drückte die Äste herunter und ein Heer von süß-gierigen Wespen stürzte sich auf die Einkocherei. Meine Großmutter rührte in einer Messingpfanne die Zwetschgenmarmelade. Die blubberte auf dem Herd. Die Bauern schenkten uns so viel wir nur wollten, die Ernte war reich, die kleinen Zwetschgen sehr süß, goldgelb und reif. Sie waren ja bis zum letzten Augenblick oben geblieben am Baum. Am allerbesten aber schmeckten die, welche herumlagen im Gras. In aller Früh' im Tau klaubten wir sie auf, Äpfel und Birnen und das ganz kleine schwarzviolette Zeug, »Kriacherln« genannt. Wir ließen die Marmelade dann bei den Bauern, und wenn wir im Winter zurückkamen, hatten wir was.

Die »Arnt« war vorbei, das »Troad« drin und rundum begann nun die Jagd. Manche Brautleute schickten sich an, noch schnell Hochzeit zu machen, eh es zu kalt wurde dafür. Es gab auch solche, bei denen es plötzlich pressierte, und wo man nicht warten konnte ins Frühjahr hinein. Die Sakramente soll man schon in der Abfolge halten und nicht etwa die Kindstaufe dem ehelichen Stand vorziehen. Mit ledigen Kindern lag Tirol sowieso an der Spitze und hätte die Goldmedaille verdient. In einem ehrbaren Haus wie in dem unseren gab's so was nicht. Der jüngste Sohn hatte da einen kleinen Fehler gemacht, vielleicht war's auch sein Glück, und nun heiratete er. Sein Weiberts war eine bildschöne Dirn, rotwangig und prall, mit einer goldblonden Zopfkrone herum um den Kopf. Die natürliche Schönheit des fröhlichen Mädchens zwang meine Großmutter an die Staffelei. So gibt es ein sehr schönes Bild der Sonnhofer Nanni, wie sie mit perlweißen Zähnen schüchtern lacht über die Welt. Man konnte schon glauben, daß der Michl ihr folgen mußte, wohin sie ihm winkte, auch zwischen die tiefblauen Enzianstauden hinein. Jetzt pressierte es sehr. Man sollte möglichst nichts sehen. Und die Nanni wollte das Schnürmieder der Tracht vor dem Altar nicht weit machen müssen, auf gar keinen Fall.

So richtete man zur Hochzeit her auf dem Hof. Von so einer großen Hochzeit spricht man rundum, und dar-

um hat auch der Muck davon gehört. Eine Hochzeit war immer ein guter Moment. Da stand das Haus leer, bis auf die Unter-Dirn, und wenn dieselbe so stocktaub war wie unsere Kathi, störte sie nicht. Da kam nun der Tag, der schon um fünf Uhr morgens begann. Truhen und Schränke standen weit offen. Schwarzseidene Trachten, silberne Spangen, Haarnadeln von Filigran, uralter Erbschmuck aus rotem Granat, hellblauen Türkisen, Elfenbeinrosenkränze, Adlerfedern, alles war ausgebreitet und zum Anziehen bereit. Die Kath schnitt oben auf dem Balkon die Nelkenstöcke halbleer, für die Miederausschnitte, die ausgefüllt werden sollten damit. Atemlos schaute ich meinen Bauern zu, wenn die Verwandlung geschah. Das waren nun nicht mehr die gleichen. Sauber gewaschen, der schmutzigen Stallkleider entledigt, erkannte man da ihren Stand. Bäurischer Adel.
Ich war voller Achtung. Mit klopfendem Herzen bewunderte ich die verwandelten Bauern und wünschte zutiefst, eine der ihren zu sein. Ich war in meiner Kindheit todunglücklich als Städterin und fühlte mich vollständig minderwertig verglichen mit ihnen. Alles was stattfand in meiner Familie langweilte mich. Ich wollte Bäuerin sein und nur das. So lernte ich melken, half bei der Ernte, radelte den Mist aus dem Stall und steckte mir meine Zöpfe wie die Bauern herum um den Kopf. Auch auf die Hochzeit wollte ich mit. Aber meine Großmutter meinte, eine Bauernhochzeit bei einem Wirt wäre nicht schön, wegen der vielen Betrunkenen und der groben Lieder zweideutiger Art. Das sei nichts für ein Kind.
Als sie den mit bunten Papierrosen geschmückten

Haflinger einspannten vor das Heuwagengefährt, da heulte ich sehr. Der Bauer kutschierte das Roß in schnittig samtenem Wams, und auf den wackligen Sitzbrettern saß die ganze Familie vereint. Der Hochzeiter war geschmückt mit einem Myrtengesteck, und auf seinem Hut leuchteten Edelweißsternlein, ganz frisch gepflückt auf der Alm. Wir winkten noch nach, aber dann entschwand das Gefährt hinter einer Kurve im Wald. Die alte Kathi schnupfte mehrmals hintereinander ihre Nasentropfen hinauf, die ihr anstelle von Tränen entschlüpften, und jammerte vor sich hin: »Na, na, na, sei tuats ebb's.« Damit umschrieb sie im allgemeinen den Verlauf unseres Lebens, seinen Wechsel von Unglück und Glück. Nun war grad mal wieder ein glückliches Fest, aber bald schon wieder gibt's eine Leich! Als meine Großmutter ihr ins Ohr schrie, warum sie denn weinte, da schüttelte sie ihren Kopf und sagte nur immer wieder: »Na, na, na! Sei tuat's ebbas! ...«

Mit der stocktauben Kath, die schon fünfzig Jahre lebte am Hof, gab's schwer einen Kontakt. Sie redete meist laut mit sich selber, betete oder schimpfte, kochte den Trank für die Kälber und Sauen und lebte in ihrer unbegreiflichen Welt. Mit der Kath waren wir nun allein. Der Hof war verwaist, und der Gipfel des Kaisers war in Wolken gehüllt, was weiterhin schönes Wetter versprach. »Hat der Koaser an Sabel, wird's Wetter miserabel, hat der Koaser an Huat, dann werd's wieder guat...« – So wußten die Einheimischen aus Erfahrung zu sagen. Die Bauern kannten das Wetter genau. Die Familie war nicht vor dem Morgengrauen des nächsten Tages zurückzuerwarten, denn es wurde das Mahl gehalten gleich nach der Kirch'. Dann ging's bis tief hinein in die Nacht, und die Musikanten spielten zum Tanz. Auch die zwei Jungknechte waren mitgefahren, der Sepp und der Luck. Am Abend setzte meine Großmutter sich mit ihrer Zither hinein in die Stube und spielte mir vor. Als echte Wienerin spielte sie Heurigenlieder. Die Kath wiegte ihren fülligen Leib zum Klappern ihrer Stricknadeln auf dem zerschlissenen Diwan dazu. Gehört hat sie nichts.

Ziemlich früh gingen wir schlafen, in Ermangelung von Licht. In der Stube hing zwar eine Petroleumlampe, aber das kostete Geld; wie man damals gespart hat, davon macht man sich heute keinen Begriff, aber man war gesünder als heut', inwendig in seinem Gemüt. Die Bauern gaben uns ihre schöne Kammer und wir schliefen in ihrem Bett. Über Querbretter war ein praller Strohsack gelegt, der ein Unterbett trug. Dasselbige war mit Hühnerfedern gefüllt und steinschwer. Darüber zog sich ein flanellenes Tuch, dann kam ein Plumeau. Zum Aufschütteln brauchte man Kraft, denn auch im Plumeau waren keine Daunen darin. Besonders wenn Regen kam, wurde es eine drückende Last. Ein richtiger Alp. Mich störte das nicht, mir war alles recht auf dem Land. Ich schlüpfte zum Einschlafen hinüber in meiner Großmutter Arm und wir beteten das Vierzehn-Engel-Gebet. Dann löschte sie unsere Kerze und dann schliefen wir ein.

Meine Großmutter hatte einen sehr leichten Schlaf und erwachte beim feinsten Geräusch. Es war gegen elf, da hörte sie ein leises Knarzen und wußte, da kommt jemand die Treppe herauf. Es war dann wieder still, bis sie erneut jenes Knarzen vernahm. Auf die-

sem dreihundertjährigen Holz hörte man jeden Tritt. Seltsamerweise hatte der Hofhund nicht angeschlagen oder er war besänftigt worden mit einer Wurst. Meine Großmutter setzte sich auf und schaute gespannt nach der Tür. Was sollte sie tun? Die Türe war nicht versperrt, jeder konnte rein. Der nächtliche Gast hatte nichts Gutes im Sinn, das war ihr bewußt. Sie dachte sofort an den Muck. Waffenlos saß sie da, ausgeliefert der Situation. Oder nicht? In diesem unguten Moment kam ihr die rettende Idee! Gebrauche das Wort! Plötzlich fing sie ganz laut an zu reden mit einem »Sepp« und einem »Luck«, die gar nicht da waren im Haus. Sie sprang aus dem Bett und gab dem Gestell einen Stoß, wobei sie den Anschein erweckte durch andauerndes Reden, daß irgend etwas Unvorhergesehenes vorging im Haus. Das trickreiche Spiel dauerte keine Minute, aber diese hatte genügt, dem Muck einen solchen Schreck einzujagen, daß er die Treppen hinunterstürzte und mit unterdrücktem schmerzhaften Klagen verschwand.
Ich hatte gar nichts gehört.
Gegen Morgen trabte der Haflinger an. Es war ein lautes Geschrei, denn die Mannerleut' hatten einen unbändigen Rausch. Das war denn auch nicht der Moment, von dem Dieb zu berichten, niemand hätte es geglaubt. So wollte meine Großmutter den anderen Tag abwarten damit. Die Kath stand früh auf und mähte das Kleefutter für ihre Kühe. An diesem Tag mußte sie oben am Waldrand mähen. Dort stand's hoch. Sie rollte den Schubkarren hinauf und fing an. Ganz sauber sichelte sie an den Haselnußstauden entlang, da stieß sie auf einen Schuh. Daneben lag auch

der zweite, und die beiden Schuhe steckten an den Füßen des Muck. Der lag ausgestreckt mitten im Klee dort und schlief. Als sie ihn mutig mit dem Sensrücken stupfte, war ihr klar, daß es sich um einen längeren Schlaf handeln müsse, der oft die Ewigkeit währt. »Na, na, na sei tuat's ebbas...«, sagte die Kath, legte den Klee noch schön auf und radelte den Karren in den Stall. Die Kühe brauchten nicht zu warten wegen so einem Lump. Die Jungknechte hatten gar nicht geschlafen und stierten mit roten Rauschaugen hin auf die Leich. Als meine Großmutter in die Küche herunterkam, das Frühstück zu kochen, hat man's erzählt.

Sie versuchte, sofort, unter allen Umständen, den Vorfall vor mir zu verbergen, zog mir schnell mein Mäntelchen an und wir gingen hinunter ins Tal. Die Frühmesse war schon vorbei. Das Morgenlicht flutete über den Michael hin und erhob ihn noch mehr. Meine Großmutter blieb lange vor ihm stehen. In ängstlichem Staunen sagte sie dann, der heilige Michael hat den Muck nun wirklich gefangengenommen, jetzt braucht man sich nicht mehr zu fürchten vor ihm. Das fand ich sehr gut. Viele Jahre später hat sie mir die Geschichte dann so erzählt wie sie war. Aber verstanden habe ich sie erst jetzt.

Worte können töten und heilen. Schöne Worte sind meistens nicht wahr, wahre Worte nicht schön.

Wenn wir einmal gemessen werden nach unseren Worten... wer kann da noch bestehen...

Florian Leberecht

Wo es schon hineingeht in die italienischen Alpen und die Stubaitaler schneeweiß herüberschimmern und strahlen, daß man ihren Glanz kaum erträgt, da liegt ein winzig-kleines Bergdörfel einsam am Rand, unterm Fels, und wo es genau ist, mag sich ein jeder selber suchen. 's ist nicht bekannt. Hat schon einen Namen, aber nach dem Namen findet man's nicht. 's ist halt so klein. Drei Häuser und eine Kapelle, in der der heilige Florian wohnt. Würde er nicht dort wohnen, gäb's das Dörfel nicht mehr. Denn es ist dem Blitz ausgesetzt wegen seiner Höh'. Oft und oft hat er schon eingeschlagen ins Heu, aber ins Haus doch noch nie. Der heilige Florian ist immer mit seinem Löscheimer bereit, Tag und Nacht.

Vor fünfzig Jahren ist es gewesen, daß dort oben im Leberechter Hof die junge Bäuerin lag, in den Wehen. Weil es ihr erstes Kind war, wußte sie's nicht, wie es tut. Draußen standen die Leut' und fragten verwundert, warum sie so schreit. Sollten es etwa Zwillinge sein, weil sie so plärrt? Andere Weiber müssen auch ihre Kinder herbringen, nicht nur sie. Die Mannerleut haben eben noch niemals erfahren, wie's ist. Sie meinen halt, 's ist wie ein heftiges Bauchweh, nicht mehr. Aber die Leberecht-Bäuerin hatte ein Farbentanzen vor dem Gesicht, und dazu tauchten Gewitter herauf, die sich festsetzten oberhalb in der Wand. Das Donnern dröhnte im Haus und die Hebamme lief, um die schwarzen Wetterkerzen zu holen. Das brachte die Leberechter-Bäuerin gar in Angst und sie gelobte, das Kind dem heiligen Florian ganz persönlich zu weihen, wenn es ein Bub werden sollt'. Er dürfte ihn dann auch hinführen wo er will, ihretwegen auch in ein Kloster oder zum Priesterberuf, fort nach Rom. Unter wild zuckenden Blitzen kam in der feurig erhellten Kammer der Flori zur Welt. Gleich bei seinem ersten Schrei fielen Tropfen prasselnd aufs Dach und das Donnern verklang.

Die Hebamme zeigte der weinenden Mutter ein herziges Büberl, das solch feine Formen aufwies, wie sie solche niemals gesehen. Sein Gesicht war nicht etwa wie bei anderen Neugeborenen verdrückt, sondern ganz lieblich und glatt, und in seinen offenen Äuglein strahlte ein seliger Glanz. Diese Sternlein waren so durchsichtig und hell wie die kristallklaren Gletscher dort oben im Firn. Von solcher Reinheit waren die Augen des Florian Leberecht, den man alsbald auf diesen Namen getauft.

Im Laufe der Jahre gesellten sich zu ihm noch weitere Brüder, die fremd blieben für ihn. Es waren rauhe, grobe Bergbauernbuben, die nichts gemein hatten mit ihm. Wenn sie ihre rohen Spiele trieben, lief der Florian immer davon. Auch beim Schlachten von Vieh war er niemals dabei. Das brachte ihm den Spott ein von manchen, aber offen sagen trauten sie sich's nicht, denn vor dem Florian hatten alle Respekt. Als er sechs Jahre alt war, übergab ihm der Vater die Ziegen, und der Florian führte sie in den Bergen herum. Besonders die herzigen Zicklein liebte er ganz und gar und

drückte sie voll Liebe und Wonne ans Herz. Sie waren unschuldig wie er und ganz ohne Arg. So konnte er denn nicht begreifen, daß sie zu Ostern im Bratofen enden sollten, wie es der Brauch war. Voller Entsetzen sah er dem Tag entgegen, wo es geschah, wo der Vater mit rohem Griff die zarten Lieblinge packte und das Messer hineinrannte in ihren Hals. Den Florian erfüllte dieses mit so schrecklichem Grauen, daß er zu seinem Schutzheiligen flehte in seiner Not. Am frühen Ostermorgen schlich er in die Kapelle und betete unter Tränen, der Heilige möchte doch helfen und ein End' machen dem Brauch. Wie allerdings dies zu bewerkstelligen sei, wußte er nicht.
Der Heilige aber wohl. Als nun die geschlachteten Zicklein sauber zugerichtet in den Bratpfannen lagen, griff der Heilige ein. Die Bäuerinnen standen an ihren Backöfen und bliesen ins Feuer, aber die Flammen erloschen schnell wieder. Nicht einmal das trockene Reisig fing Feuer, es war gar nichts zu machen damit. Da fingen die Bauern an, trockene Bretter zu hobeln, in denen kein Quant Feuchtigkeit war, aber nichts geschah. Eiskalt blieben die Backöfen, leer, ohne Braten, und auf den Tisch brachte man schnell Schmalz und Eiergebäck.
Das winzige Bergdörfel war ohne Zickleinbraten am Fest, und niemand wußte warum. Der Florian schwieg. Er wartete bis übers Jahr, aber dann kurz vor Ostern verkündete er's. Erst seinem Vater und er wiederum trug's in die Häuser rundum. Es hat gar keinen Taug von nun ab, die kleinen Zicklein zu schlachten, der heilige Florian habe ihn erhört. Mit seiner allheiligen, mächtigen Kraft löscht er die Backöfen aus, so daß kein Braten entsteht.

Das erschreckte die Leut'. Sowas war schon lange nicht mehr geschehen, daß ein Wunder passierte am Berg und sich die Kraft eines Heiligen zeigt. Niemand hatte den Mut, ein Zicklein zu schlachten, selbst der lästerliche Korbinian nicht, Wirt nebenan. So war man genötigt, das Brauchtum zu ändern. Die einen aßen ein schwarzgeräuchertes Fleisch oder Speck, aber auf dem Leberecht-Hof gab's kein Fleisch. Schmalznudeln aßen sie und eine Nudelsuppen zuvor. Das war wegen dem Florian und seinem Gebet. Hatte nicht die Bäuerin im Kindbett gelobt, der Heilige könnte machen mit ihm was er wollt'? Da müßte man sich nun nicht verwundern, wenn solche Sachen passieren. Die Brüder wichen dem Florian aus. Manchmal im Sommer gingen sie weit in die Schul'. Viele Stunden, hinunter ins Tal. Die Bauern fragten sich oft, für was wohl dieses Schulgehen gut sein soll, wo die Kinder ja doch bloß den Hof übernehmen, und fügten sich schwer. Aber das Gesetz wollte es so, daß sie schreiben lernten und lesen, auch wenn das unter großen Opfern geschah. Im Winter war es schon einmal ganz und gar ausgeschlossen, denn der Weg war verschneit. Da war das Dörfel abgeschlossen von aller Welt, monatelang. Vom Tal aus konnten sie nur noch die Lichtfenster sehen, aber kein Dach. Das Weiß verwischte jede Kontur, denn es war überall. Vor dem Weiß schlängelte sich der holzgraue Rauch in die Luft und gab Zeugnis, daß dort jemand lebt. Erst wenn langsam im März die Schneeschmelze begann und die Wiesen aper zu werden begannen, fand man den Weg.
Es war der Weg, den sie auch vor zwei- und dreihundert Jahren schon gingen, runter und rauf. Das Roß

mußte den Anfang machen im Jahr. Eh' das Roß nicht gehen wollte mit dem Schlitten hintan, war auch kein Weg. Hinter dem Roß, vom Bauern geführt, stapften die Schulkinder drein. Zehn saßen im Schlitten, und jeden Tag mußten andere gehen. Für gar keine Sache hatten die Kinder ein solch gutes Gedächtnis als für das »wer heut' geht«. Nur der Florian legte keinen besonderen Wert auf das Gerechtigkeitsspiel. Er ging oft. Die Buben brauchten ihn nur zu fragen, ob sie an seiner Statt aufsitzen durften, schon gab er nach. Es schien überhaupt, als ließ er sich alles gefallen, gleich was es war. So viel sie sich auch bemühten, ihn aus der Ruhe zu bringen mit einem Streit. Das einzige, was sie erreichten, daß die hellen Augen des zarten Buben ein wenig größer noch wurden und sich das Wasser ansammelte, daß sie ausschauten wie einsame Seen. Oben gleich, wo das Schneetor beginnt, gibt es solch einen reinen See mit kristallklarem Wasser, in dem sich der Mond gern beschaut. Aber daß das Wasser herunterläuft über den Berg, kommt ebenso wenig vor, als daß man auch nur einmal den Florian hätte weinen sehen. Nicht eben daß man ihn stolz nennen hat können. Nicht das, es war eine innere Festigkeit in dem Buben, eine Stärke, ein Licht. Und weil ein dichter Wald kornfarbiger Locken sein schönes Gesichtchen umgab, schien es bisweilen, wenn die Sonne ihn traf, als ob ein Schein um ihn wäre, den die Menschen nicht sehen.

Einmal erschien der Florian in der Türe zum Stall. Da saß seine Mutter melkend unter der Kuh. Als sie die Augen erhob, sah sie den Schein, aber nur für einen Moment, dann niemals mehr. Sie bewahrte ihr Geheimnis auch in ihrem Herzen und hat es nicht einmal dem Vater erzählt. Seit das Wunder mit den Backöfen geschehen war und keine Zicklein mehr geschlachtet wurden im Dorf, redete man sogar unten im Tal. So hatte der Florian keinen leichten Stand in der Schul'. Viele hänselten ihn, hielten ihm eine Kerze unter die Nase, die er ausblasen sollte mit geschlossenem Mund. Auf solche Anspielungen reagierte der Bub aber nicht. Er verwies höchstens auf seinen Namenspatron, der allein zu solchem fähig sei, und ging seines Weges.

Zehn Jahre gingen dahin. Das kleine Dörfel war nicht größer geworden, einen einzigen Holzstadel bauten sie noch, weiter nichts. Die Kinder, die mit dem Florian aufgewachsen waren, zogen schön langsam fort in eine Lehr'. Einige aber blieben daheim und arbeiteten auf dem Hof. Der Florian war fleißig zur Schule gegangen und hatte vieles gelernt. Seine Liebe galt heiligen Büchern, die vom Wunder des Menschensohnes handelten und von den Heiligen in der Welt. Er wäre zu gerne in den Ordensstand eingetreten, aber sie brauchten ihn auf dem Hof. Der Vater war auf den Tod krank geworden, und als er am Dreikönigstag starb, konnten sie ihn nicht hinunterbringen ins Tal. So gruben sie den Leichnam ein unterm Schnee, und in diesem eiskalten Bett mußte er abwarten, bis die Schneeschmelze kam. Bis zum März. Dann erst schaffte das Roß den Leberechter Bauern ins Tal, wo seine Beerdigung alsbald stattfinden konnte. Den Leichenschmaus hielt man im Adler. Der Flori saß mit seinen drei Brüdern beim Bier, und die Adlertochter stellte ein frisches Krügel vor ihn. Dabei traf sie der freundliche Blick aus den hellblauen, ehrlichen Augen des Florian, den sie nicht mehr vergaß. Von diesem Augenblick an dachte sie Tag und Nacht nur mehr an ihn. Unter dem sternenbesäten Himmel ruhten in tiefem Frieden die weißen Gipfel und der Bergwald trug stumm seine glitzernde Last. Aus der Ferne schimmerte das schwache Licht aus der Stube des Flori herunter ins Tal, wo mit glühenden Wangen die Adlerwirtstochter in ihrer Kammer stand und hinaufschaute zu ihm. Erst wenn sie oben ins Bett gingen, ging auch sie. Dann lag sie noch Stunden wach und ihre Gedanken kreisten um einen korngelben Kopf, der einem gehörte, der nichts wußte von dieser Lieb'. Kein Feuer, so sagt man, kann brennen so heiß, wie die heimliche Lieb', von der niemand nichts weiß.

Zumal wenn es die erste Lieb' ist wie bei der schönen Hanna und der Geliebte in unerreichbarer Ferne ist und doch recht nah, kann's gescheh'n, daß dieses innere Feuer so groß wie ein Waldbrand wird, der gar nicht mehr einzudämmen ist und wild um sich greift voller Gefahr. Die Hanna wurde ganz schmal und ihre Kraft zu der Arbeit ließ nach. Auch waren ihre armen Augen vom Bergschauen und Weinen ganz rot, und ihr Leiden fiel selbst der Mutter schon auf. Es gab keinen einzigen Burschen, der die Hanna nicht auf der Stelle geheiratet hätt'. Zum ersten war sie eine gute Partie, zum zweiten noch schön und jung, und ein Kunstmaler, der einmal Logis machte beim Wirt, hat sie begeistert gemalt. Das Ölbild hängt in der Stube. Jeder kann's sehen. Der Korbinian Gstettner saß beim Kartenspielen immer darunter. Nicht ohne Grund. Er meinte, daß es das Bild wär', das ihm Glück bringen tät', denn die Nann schaute selbst beim Bedienen an ihm vorbei. Sie mochte den aufdringlichen Burschen nicht leiden, der bei jeder Rauferei vorne dran war und seine stumpfnasige Lätschen dauernd zu einem Grinsen verzog. Dieses Grinsen reizte einen direkt zum Hineinhauen, und mancher ließ sich auch hinreißen dazu. So lag es ganz einfach im Wesen des groben Korbinian, daß sich kein Mädel ein Bussel wünschte von ihm. Das machte ihn bös' und seine Hinterlist wuchs.

Dem Korbi war es nicht verborgen geblieben, daß seine heißangebetete Adlerwirtsnanni ihre Gedanken oben am Berg hatte. Die heimlichen Dinge der Seele tragen sich ja auch ohne Worte herum, von einem zum andern, hin durch die Luft. Auf diesem Weg erreichte auch den Florian oben am Berg das Drängen der Nann. Wie ein Hauch spürte er ihn, wie eine mäßige Frühlingswärme, doch manchmal wurde ihm heiß. Grad dann, wenn er nachdenklich vor den frischgefallenen Schneeflocken saß, wenn er versunken nachdachte über ihr prismatisches Licht und die ebenmäßig gebaute sechseckige Form. Warum es wohl sechseckige Sterne waren und keine fünfeckigen? Sein Blick war in eine ganz andere Richtung gerichtet, und nachts schaute er nicht in das Tal, sondern auf zu den Sternen, und es trieb ihn eine unbeschreibliche Sehnsucht in jene Fernen, die der Gedanke mühelos in Sekunden durchfliegt. Es schien ihm sein ganzes Leben nur eine traurige Wartezeit für die große herrliche Reise ins All. Einsam im Herzen tat er die grobe Bauernarbeit, heiraten wollte er nicht. Eines Tages übertrug er seine Erstgeborenen-Rechte am Hof bei einem kopfschüt-

telnden alten Notar auf den Bruder. Das hat man im ganzen Umkreis noch nicht erlebt. Knecht wollte er sein nach seinem Verzicht. Als Knecht blieb ihm mehr Zeit für sich. Da konnte er wenigstens bei der Nacht seine Bücher lesen und sich hinträumen, wohin es ihn trug.
Das Träumen zu zweit ist so eine fragwürdige Sach'. Selten kommen zwei am gleichen Ort an. Denn jeder hat ein anderes Gewicht. Da wo der eine sich aufschwingen kann wie ein Falk, kann sich der andere nur mit größter Mühe erheben und höchstens so schwerfällig wie diese Käfer, die den Roßmist kugeln am Weg. Erzählt ein Falk ihnen von seinen Flügen und dem unendlichen Blick, den er hat vom Gipfelkreuz aus, sie glauben's ihm nicht. Wenn er ihnen auch von den eisblauen Grotten erzählt, deren Eingang ist wie ein offenes Maul mit meterlangen, spitzigen Eiszapfenzähnen und von den stillen Todesspalten, die für manch einen zum Sarg für die Ewigkeit wurden. Die schwarzen Käfer verstünden ihn nicht. Sie kennen ihrerseits nur ihren Mist, den sie herumrollen, und das ist gut. Die hohen Ausblicksorte bleiben somit nur Vögeln mit großer Flugfähigkeit überlassen, die sich nicht fürchten vor einem Sturz.
Der Florian war so ein Falk. Er träumte sich hin, wo kein anderer ihm zu folgen vermochte, am allerwenigsten eine Dirn. Die Mädeln hatten ganz andere Träumereien, und es ging ihnen nicht ums weit weg, sondern genau ums Gegenteil, ums recht nah' her. Das wollte der Florian nicht. Er wollte keine Weiberleutarme, die ihn festhalten bei Nacht. Einen goldenen Ring, der ihm das Leben eingrenzt, das wollte er dem überlassen, der's mag.

So tat es ihm herzlich leid, daß er der bildschönen Nann einen Korb geben mußte. Offen sagen konnte er's ihr nicht, dazu tat sie ihm zu leid, wenn er sah, daß sich ihre Augen mit Salzwasser füllten und ein Zittern über sie kam, schon ein Jahr. Ein ganzes Jahr konnte er nun nicht mehr ins Tal, ohne daß ihm ein Zeichen gegeben wurde von ihr. So mühsam er ihr auch auszuweichen versuchte, ihre Liebe fand einen Weg. Deutlicher konnte man's ihm nicht mehr sagen, als sie es tat. Hinter dem Schweizerhaus, wo er beim Käseabholen herumfahren mußte, wartete sie. Er sah sie versteckt hinter den Hollerbuschstauden hinschauen zu ihm. Es war das aber kein Schauen mehr, sondern ein Flehen, ein Bitten und Betteln: Merkst du denn nicht, daß ich krank bin nach dir. Ein anderer, der ein Zeichen erhofft, der kriegt kein's. Der Korbinian hätt' einen Luftsprung gemacht. Aber nichts.
Der Florian aber wußte sich selbst keinen Rat, darum flehte er den Heiligen an. Schon einmal in seiner Kindheit hatte er ihm ein Wunder gewirkt. Diese Macht im Feuerauslöschen hatte wahrlich nur er. »So kalt wie du damals die Backöfen gemacht hast, mach' jetzt der Nanni ihr Herz.« Der Florian war überzeugt, daß der Heilige ihm beim Löschen der Liebesflamme ebenso helfen könnte wie einst. Das Feuer ist allemal ein und dasselbe, ob es inwendig brennt in einem Leib oder um ihn herum. Als seine Fußspur wieder zurückführte von der Kapelle im Schnee, war ihm recht wohl. An der heiligen Figur wurde ihm ein sicheres Zeichen gegeben auf Hilf'.
Als nun die Nanni in der darauffolgenden Nacht wieder am Fensterkreuz stand und hochschaute zu ihm,

wirkte die Kraft. Ein kühlender Wind, der kein äußerer war, blies zu ihr hin. In den Bäumen regte sich aber kein Blatt. Trotzdem zog sich die Nanni fröstelnd zurück in ihr Bett. Seltsam fremd kam sie sich vor. Vergeblich mühte sie sich, das geliebte Gesicht zu schauen, es war weg. Der korngelbe Lockenkopf ihres Florian war ganz reizlos geworden. Fort war der zauberische Glanz, der sein Wesen umstrahlte und ihn so anziehend machte für sie. Das Besondere, Unaussprechliche, was den Florian Leberecht ausgemacht hatte, es war dahin. Zurück blieb ein ganz gewöhnlicher Bursch, der sich in nichts unterschied von den anderen im Dorf. Wie dieser Sinneswandel so plötzlich zustande kam, wußte sie nicht. Jedenfalls war sie am nächsten Tag die alte fröhliche Nann ohne Tränen und Leid. Die Sehnsucht war wie eine schwere Kette abgefallen von ihr. Endlich wieder überkam sie die Lust auf den Tanzboden zu gehen, und gleich am selbigen Tag steckte sie sich drei rote Nelkenblüten ans Kleid.
Die Burschen taten einen Juchzer, als sie sie sahen, und jeder wollte als erster tanzen mit ihr. Sie ließ keinen aus, bis auf den Korbinian. Der saß auf dem leeren Faß, hatte den Hut in den Nacken geschoben und sein bösestes Grinsen im Gesicht. Stundenlang schaute er zu. Keinen Augenblick ließ er sie los. Es war, als ob das freigewordene Feuer aus ihrer Lieb' herumtanzte mit ihr. Und weil es nicht mehr hineinkonnte in sie und sich zusammentun mit ihrer Seel', kam es sich ungenützt vor, ohne Zweck. Der Korbinian zog's zu sich her. Er schürte seit Stunden den heftigsten Haß und brachte das Feuer zum Glühen. In der Glut schmiedete er seinen Plan, der ein Racheakt werden sollte an den

Menschen schlechthin. Einer mußte ihm zahlen, einer war schuld an seinem Ausgesetztsein und daß ihm die Dirndl entflohen. Glotzäugig, wie ein giftiges Tier, schoß sein Gedanke zum Florian hinauf, droben am Berg. Immer dichter klebte er sich an den, der ahnungslos in seinem Bett lag und schlief. Bald wurde er eine Schlinge, die sich zuzog um seinen Hals. Dann wieder wandelte er sich um in einen rollenden Fels, der niederstürzte auf ihn. Je mehr der Gedanke mit dem Florian spielte, um so heftiger nahm er zu an Gestalt. Der Korbinian konnte selbst nicht mehr loskommen von ihm, denn die Macht der Gedanken war plötzlich stärker als er.

Tag um Tag nahm er zu. Nach drei Monaten steckte er seinen Wildererstutzen in den Rucksack und ging. Der Gedanke trieb ihn bergan im Frühnebel des Herbstes. Ein Sechzehnender röhrte im Holz und die Eichhörndeln balgten sich um die Nüsse im Baum. Der Korbinian bückte sich nach einer hellblauen Eichelhäherfeder. Gemächlich stieg er und stieg. Sollte er ihn irgendwo treffen im Wald, den Florian Leberecht, knallt's. Als Jagdunfall würde er's hinstellen können, sagt der Gedanke ihm ein. Blaß, blutig und tot wollte er ihn sehen. Als eine Leich'. Warum, das wußte er selbst nicht so genau. 's war der Haß, sein Ungeliebtsein, das ihn trieb. Weiß einer, wie's ist, in einer Haut, die stumpf ist und grob und doch grob genug nicht, als daß sie ein Panzer wär' um das Gefühl? Ist halt doch im häßlichsten Tier so ein Drängen nach Lieb'. Um das kleine Dörfel mit der Kapelle machte er einen Bogen herum. Die Bauern waren in ihren Häusern beschäftigt, mit Schnapsbrennen, Mostmachen, Dachsenhacken und dem Raffeln der Wolle. Der Winter stand vor der Tür, die Kälte, das Abgeschlossensein von der Welt. Wie die Bienen den Honig sammeln, so trafen auch die Dörfler alle Vorbereitungen für die einsame Zeit.

Wo der Flori wohl war? Im Stall bei den Rössern? Oder rührten die Axthiebe dort bei der Wand wohl von ihm? Es mußte da einer sein, der die Latschen aushackt. Einer oder auch zwei. Der Korbinian setzte seinen Feldstecher vor die Augen und schraubte herum. Genau suchte er Meter für Meter die Felsen entlang, schwenkte hinauf und hinunter, und plötzlich kamen ihm ein paar schöne Gemsen vor das Gesicht. Vom Florian war nichts zu sehen. Die Schläge folgten vereinzelt, einer auf den anderen, dann war's wieder still. Er stieg weiter und suchte sich eine andere Position. Beinahe sicher war er, daß es der Florian sein müßte, der hackte. Eine Stunde war er ihm entgegengestiegen, bis er ihn sah. Keine hundert Meter entfernt hackte er in den Latschen herum. Die Gegend war hier schon steil und der Pfad schmal. Der Korbi duckte sich blitzschnell hinter dem Busch. Durch die Zweige hindurch beobachtete er ihn eine Weile. Ja, er war freilich ein hübscher Bursch' und seine Bewegungen waren weich und geschmeidig. Wie er sich gab, das mußte den Weibern gefallen. Aber gleich wär' nun einer weniger auf der Welt von denen im Glück. Würmerfraß wird ein jeder über die Zeit, aber um so einen Jungen ist's schad'. Da heulen die Leut', und das wollte er haben, der Korbi, daß es Aufruhr gibt, Leiden und Schmerz. Die Nanni sollte es hart treffen und noch ein paar andere im Dorf. Sehr leise nahm er den Stutzen aus sei-

nem Rucksack, der in zwei Teile zerlegt, eben für Wilderer war. Er ließ sich leicht zusammenschrauben, und unter dem Hacken fiel das Geräusch, das er machte, nicht auf.
Jetzt hatte er den Flori im Korn. Eine ganze Weile verfolgte er ihn immer am Herz. Ausschnaufend wischte er sich den Schweiß von der Stirn, dabei streifte sein Blick über die Berge, die gegenüber lagen von ihm. Viel Schnee war gefallen dieser Tage. In diesem Jahr früh. Ob die Nanni nun endlich Ruhe gibt? Ob er sich das Buch über den Sternkreis kaufen wird können? Ob's nicht gar zu teuer ist für ihn? Sind schöne Bilder drinnen von fernen Gestirnen, Zeichnungen halt, wie man sich's denkt.
Wie lange soll der noch so dastehen? – Der Korbinian zielt, drückt ab, fällt um und ist tot. Erschrocken rennt der Flori vom Berg. Holla, schreit er, ist da einer? Aber es kommt keine Antwort. Der da ist stumm. Alle Latschenbüsche sucht er jetzt ab. Einen nach dem anderen. 's war ja ganz in der Nähe, und er kann sich keinen Reim machen auf diesen Schuß. Wild war keines da. Er, ganz allein. Sollte es einer auf ihn abgesehen haben? Aber warum? Da springt er herum von einem Felsen zum anderen und sucht nach dem Schützen. Daß er ihm auch keine Antwort gibt? Plötzlich findet er ihn. Schaut in sein stumpfes Gesicht. Nach hinten ist er umgefallen, der Mensch. Viel Blut rinnt ihm über die Stirn, in die der Schuß glatt hineingegangen ist. Der Flori nimmt voll Schrecken den Stutzen in seine Hand. Sowas hat er doch noch gar nicht gesehen. Hat ihn inwendig zerrissen und keine einzige Patrone ist mehr ganz. Scheint, als wären alle Schüsse nach hinten

zu explodiert, vor seinem Gesicht. Man muß eine Tragbahre holen und ihn hinunterbringen ins Tal. Meldung muß er machen bei der Polizei. Die sollen alles genau untersuchen, damit kein Verdacht auf ihn fällt. Immerhin ist das eine ungewöhnliche Sache. Nicht zu spaßen damit. Er tut ihm leid, der Korbinian. Hat im Leben nichts Schönes gehabt, und so ein Ende. Ist ja grad, als habe er Selbstmord begangen. Aber warum? Für was geht er da auf den Berg und so nahe zu ihm? Tag und Nacht denkt der Florian nach. Längst sind die Kränze auf dem Grab des Korbinian verdorrt, da fällt es ihm ein. Wie es ihm eingesagt wird, sitzt er still in der Bank und schaut seinen Heiligen an. Ein paar Kerzen brennen vor ihm. Der Florian sorgt immer dafür.

Feuer ist Feuer, so redet der oben mit ihm, und hält seinen Löscheimer schützend über ein brennendes Haus. Feuer ist Feuer. Ob's im Backofen brennt oder im Herzen oder im Stutzen drin explodiert. Gegen das Feuer bist du immer geschützt. Immer, von mir – deinem Namenspatron. – Dann ging der Schuß gegen mich? – Ja, so ist's. Die Antwort kommt, wie die Frag', alles aus ihm. Heißt ja, daß die Heiligen nur darauf warten, hilfreich eingreifen zu dürfen. Und wenn man ihnen das Herz aufmacht, wie der Florian Leberecht, helfen sie gern.

Zu Füßen des heiligen Franziskus
Die deutschen Kapuzinerinnen in Assisi

Mystik. Was heißt das? Das Wort leitet sich ab von dem griechischen Zeitwort »myein«, das bedeutet: sich schließen, die Augen schließen, die Sinne verschließen. Hineintauchen in sein Innerstes. Der Mystiker ist einer, der sich von allen äußeren Eindrücken befreit, alle Brücken nach außen in die Welt der Erscheinungen abbricht, um sich nach innen zu sammeln, um sich ganz in sich selbst zu versenken, dem unendlichen Gott zu lauschen. »Ach, wenn ihr doch stillschweigen könntet, so würdet ihr hören, was Gott in Euch redet«, rufen Mystiker aller Zeiten und aller Religionen uns zu. –

In leuchtenden Farben schildern sie uns die Wirkung der göttlichen Liebe und Bilder geheimnisvoller Seelenzustände, wo der Mensch mit übernatürlichem Leben erfüllt wird. Wer Gott unmittelbar in sich selbst erfährt, weil er zu einer tiefen Vereinigung mit ihm kommt, führt seine gottebenbildliche Seele zu höchster Vollendung. Sie widmet sich einzig nur mehr der Beschauung, ohne zu reflektieren, sie versinkt in Gott. Klare Erkenntnis wird bewahrt, und eine wohl sittliche Verantwortung entsteht. Dabei entwickelt die Seele starke Aktivität wie der Dominikanermönch Meister Eckhart uns sagt: »Dein Empfangen ist Dein höchstes Schaffen.« Ununterbrochene Hinwendung, unablässi-

ge Meditation bewirken eines Tages diesen Zustand, von dem uns zahllose Chroniken besonders über Nonnen berichten.
Assisi steht neben Lourdes und Fatima an der Spitze der katholischen Wallfahrtsorte der Welt. Es kommen auch viele wegen der Fresken des Giotto, aber auch sie begegnen Franziskus, denn alle Giotto-Bilder erzählen das Leben des Heiligen, und so kommt kein Assisi-Besucher an Franziskus vorbei. Zahllose Pilgergruppen bevölkern die engen Straßen der mittelalterlichen Stadt und freuen sich über die Herzlichkeit ihrer Bewohner. Wenn man vom obersten Punkt der Festung herunterschaut, wird der Blick durch keinen Einbruch der Jetztzeit in die Bausubstanz gestört. Moosbewachsene Rundziegeldächer, enge Gassen, Olivenhaine, durch die sich endlose Steintreppen winden, gotische Kirchen und Kathedralen in einheitlichem Grau der Quader und Steine. Ganz leicht wird man in dieser Umgebung in jenes zwölfte Jahrhundert versetzt, wo Straßenräuber Franziskus befragten: »Wer bist du?«, und er ihnen zur Antwort gab: »Ich bin der Herold des großen Königs.« Spottend stießen sie ihn darauf in den Straßengraben hinab.
Assisi ist voll von Geschichten über ihn. Aus allen Teilen der Welt kommen junge Priester, um einmal am Grabe des »Poverello« eine Messe zu lesen. Die ganze Gegend ist erfüllt von franziskanischem Geist, und es liegt im Vermögen des einzelnen, wieviel er davon aufzunehmen vermag. Die Begegnung mit einem Heiligen ist zu vergleichen mit einer Gruppe Leute, die sich vorgenommen hat, einen sehr hohen Berg zu besteigen. Angesichts der Strapazen gibt ein Teil kurz

nach Beginn des Anstiegs schon auf. Andere gehen weiter, steigen höher. »Wenige erreichen den Gipfel. Ein Heiliger ist ein Sünder, der nie aufgegeben hat.« Natürlich haben die dort unten im Tal einen anderen Ausblick als er. Wenn nun die von ganz oben denen dort unten erzählen über alle Herrlichkeit, die sie sehen, dienen sie jenen als Anreiz, doch auch weiterzugehen. Was ein Heiliger sieht, der den höchsten geistigen Gipfel erreicht hat, kann nur ein anderer Heiliger mit ihm teilen, der neben ihm steht.

Als Franziskus splitternackt seinem reichen Vater Bernardon seine Kleider vor die Füße hinwarf und den Feudalherren und ihrem materialistischen Machthabertum den Kampf ansagte, als er sich barfuß in Lumpen der Schwester Armut vermählte und seinen Besitz den Armen hingab, mußte er wohl damals – nicht anders als wenn heute einer so was tut – als ein Wahnsinniger gelten. Der vollständige Aufbruch seines Geistes folgte nicht auf einmal in einem plötzlichen »Damaskus«, sondern nach und nach im Lauf vieler Jahre. Armut, Demut, Gehorsam und Reinheit des Herzens sind die göttlichen Tugenden, sind die Grundlagen, nach denen Franziskus seine Ordensregeln schuf. Wie Jesus, so lehrte auch er die Vergänglichkeit aller Dinge, die das menschliche Herz blenden, aber niemals befriedigen können. Nur das in Christus verankerte Leben kann wahre Sicherheit geben und inneren Frieden.

Gleichfalls in Assisi ansässig war die heilige Klara. Der Heilige bestärkte sie in der Verachtung der Welt und erklärte ihr die Brautschaft Christi. 1215 war sie mit 27 Jahren Äbtissin in San Damiano, und seither riß der Strom der Klarissinnen nicht ab.

Ich war schon zweimal in Assisi ehe ich die Marmortafel entdeckte: Zu den deutschen Schwestern von Santa Croce steht da. Zwischen roten Mauern führt eine lange Steintreppe bergan, und mit jeder Stufe mehr verliert sich der Lärm und wechselt über in Vogelgesang. Ich befinde mich zwischen verschlossenen Portalen vor einer Grotte mit Blumen. Viele Fenster mit Gittern davor; Milchglas weist neugierige Leute zurück. Ich setze mich auf ein Bänkchen, gehe aber dann in einen kleinen Empfangsraum hinein. Er ist leer. Eine Bank, ein Tisch. Eine Drehtrommel aus Holz, in die man Botschaften legt, die so von außen nach innen gelangen. Auch das kleine Pfortenfenster ist vergittert, bespannt mit Stoff und nicht zu öffnen. Ich entschließe mich, an dem kleinen Glöckchen zu ziehen. Stille, dann kommen Schritte, und plötzlich meldet sich hinter dem Stoff eine Stimme. Ich höre die Unsichtbare, sie spricht bayerischen Dialekt! Ich sollte nebenan klopfen, sagt sie mir freundlich. Hier wäre die Klausur. Das Wort Klausur jagt dem normalen Menschen einen Schauer über den Rücken. Er kann nicht begreifen, wie man sich dem unterziehen kann. Im Klausurkloster verzichten die Insassen auf diese Welt. Auf Ehe, Kinder, Besitz, Erfolge, Wohlleben und Luxus jeglicher Art. Der dem Äußerlichen verhaftete Mensch hält solch einen Entschluß für absurd, weil er von einem inneren Leben nichts weiß. Fragt man jene Schwestern aber, die zehn oder fünfzig Jahre dort drinnen leben, ergibt sich ein seitenverkehrtes Bild. Was wir für »Leben« halten, ist für sie völlig uninteressant.

Nach ein paar Tagen ist eine Genehmigung vom Bischof erteilt, die mir gestattet, für einen Tag die Klausur zu betreten. Üblicherweise kommt niemand hinein bis auf ein paar Handwerker zu Reparaturen. Aber in dieser Zeit sind die Nonnen verschwunden. Sie hören kein Radio, sehen nicht fern und bleiben von Zeitungsberichten verschont. Als sich die große Türe vor mir öffnet, schaue ich erstmals im Leben in Menschengesichter, die vollkommen losgelöst sind. Ich kann jede der Nonnen befragen, die Antwort ist gleich: »Ich bin glücklich, ich möchte nie mehr raus.«

Alle paar Stunden ruft die Glocke auf zum Gebet. Der Dominikanermönch Meister Eckhart sagt: Wie weit der Mensch eindringt in die Welt des Geistes durch sinnendes Gebet, wie stark er vordringt zu fruchtbarem Erdenwerk, das hängt allein an ihm selbst, an der Art und Gestalt seines Ichs. Das kräftigste Gebet, das allermächtigste, alle Dinge zu erwerben, muß hervorgehen aus einem ledigen Gemüt; je lediger dieses ist, um so kräftiger, würdiger, nützlicher, löblicher und vollkommener ist das Gebet. Das ledige, von Eigensucht freie Gemüt vermag alle Dinge.

Die Äbtissin Maria Veronika leitet gütig und liebevoll dieses Haus. Der Tag beginnt um halb fünf. Nach dem Morgengebet arbeitet ein Teil draußen auf dem Feld; die anderen Schwestern kochen altbayerische Kost. Von vier Außenschwestern wird drüben im Saal dann das Essen gereicht an die Pilger, im Sommer und im Winter. Durch einen Aufzug kommen die herrlichen bayerischen Schmankerln herauf, die man selten in solcher Güte irgendwo bekommt. Da sind selbstgeriebene Kartoffelpuffer, Brennesselspinat, Nockerlsuppen, Siedfleisch und wilde Salate, und alles hat einen herrlichen, schon beinahe vergessenen Geschmack, denn es stammt aus den giftfrei gehaltenen Gärten des Klosters. Die Schwestern backen ihr Brot selber aus ihrem selbstangebauten Weizen, sie keltern den eigenen Wein, räuchern kostbaren Schinken mit Wacholder, kochen ihre Seife aus Abfällen von Fett, verwerten alle Reste, schlafen auf Strohsackmatratzen in winzigen Zellen, von denen man weit hinaussehen kann ins umbrische Land.

Während des Mittagessens im Refektorium hält eine Schwester in einer kleinen Holzkanzel eine Tischlesung, die den Geist des Opfers betont, den Geist der Armut und der Hingabe an den heiligen Franz. Vor dem Essen segnet die Mutter Maria Veronika das Wasser, den Wein und das Brot. Stolz weist sie auf die schönen alten Tische und Bänke, die ihr schon mancher Antiquitätenhändler abkaufen wollte. Aber sie hält eisern fest an der Tradition, an den kleinen Wasserkrüglein mit dem blauen Christuszeichen darauf, den herrlichen Kupferkannen in Küche und Keller, den riesigen Bauernschüsseln aus bunter Keramik, die alle im Gebrauch sind und von denen manche noch aus dem letzten Jahrhundert stammen.

Santa Croce in Assisi ist wie eine letzte altbayerische Oase, und man bekommt leicht einen feuchten Blick, wenn man neben dem Ziehbrunnen steht und hinaufschaut in den friedlichen Garten, wo mit rotbraunen Apfelbacken die gutmütige Magdalena ihren Komposthaufen hackt.

In den Stimmen der bayerischen Schwestern schwingt der Ton vollkommener franziskanischer Freude. Barfuß, in selbstgemachten Sandalen, im zusammengeflickten Habit folgen sie der Forderung von Franziskus: »Alle Brüder und Schwestern sollen billige Kleider tragen, sie können diese mit einem Sack oder Tuch flicken, und ich warne sie, die Menschen zu verachten, die bunte Kleider tragen und sich dem Genuß von Speise und Trank hingeben.« Die Klarissen-Kapuzinerinnen sind ohne den geringsten äußeren Besitz, aber dafür sind sie geübt in der hohen Kunst des inneren Friedens.

Meister Eckhart sagt: Die Leute sollten nicht so viel nachdenken, was sie tun sollen, sondern sie sollten bedenken, was sie sind. Durch beständige Hinwendung an das Höchste wird man selber zum Höchsten, indem man mit ihm verschmilzt. Der hl. Franziskus erreichte durch seine Hingabe an Christus einen Zustand vollkommener Vereinigung, so daß sogar die Wundmale sich zeigten. So viele Menschen, so viele Wege – einer davon ist und bleibt der Klosterweg – daran wird keine Zeit etwas ändern.

André Marie Ampère, einer der größten Naturforscher des 19. Jahrhunderts, sagte: »Studiere die Dinge dieser Welt – es ist die Pflicht deines Berufes; aber schaue sie nur mit einem Auge an. Dein anderes Auge sei beständig auf das ewige Licht gerichtet! Höre auf die Gelehrten, aber nur mit einem Ohr. Schreibe nur mit einer Hand, mit der anderen halte dich am Gewand Gottes wie ein Kind sich am Gewand seines Vaters festhält!« – Das gottverbundene Leben bietet ein Heilmittel für die Hauptschäden unserer Zeit: Die materialistische Denkweise und schrankenlose Hingabe an die Außenwelt.

Die Neuorientierung unserer Kultur, von der so viel geredet wird, muß an das gute Alte unserer Vergangenheit anknüpfen. Es zeigt sich – so glaube ich –, daß die Religion das Tiefste und innerlich Notwendigste im Menschen ist und der tragende Grund unseres gesamten Lebens sein muß.

Terremote

Ich bin in Umbrien unterwegs. Staubgraue Maisfelder, ausgetrocknete Bachbetten und Tümpel, in die sich das Wasserfroschvolk hoffnungsvoll drängt. Zerborsten ist die Erde, sehnsüchtig, mit scheinbar angehaltenem Atem erwartet sie den Regen.
Schmutzverklebt ist alles Grün, und diesige Luftschichten verschleiern den Apennin. Hier im Talkessel von Santa Maria degli Angeli kann man Assisi heute nicht sehen. Obgleich es nicht weit von hier liegt, etwa drei Kilometer. Seit Monaten ist kein Tropfen vom Himmel gefallen. Ein Sommer, bedrückend und schwül, mit einer Art Treibhausklima, geht nun vorbei. Durch die engen Gassen der mittelalterlichen Stadt wälzen sich seit Monaten Massen von Touristen. Die Straßenränder sind bis auf den letzten Streifen mit Autos beparkt. Omnibusse aus allen Teilen Europas schaffen pausenlos neue Gruppen heran. Alle Hotels und Pilgerunterkünfte sind überfüllt bis auf den letzten Platz. Andenkenläden, Bars und die Telefonzentrale haben Hochkonjunktur, denn der »poverello«, San Franziscus, hat eine starke Anziehungskraft. Die Einheimischen sagen: in jedem Jahr werden es mehr, und sie werden von Jahr zu Jahr schlimmer. Immer ungeduldiger herumgetrieben mit dem Fotoapparat vor dem Gesicht. Keine Beschaulichkeit ist in den Menschen. Flüchtig gehen sie an allem vorbei. Die Ein-

drücke sind oberflächlicher Art. Zu Hause, vor dem Diaprojektor, wird man sehen, wo man war.

Dem überfüllten Assisi zu entfliehen, ziehe ich mich in ein leeres Landhaus zurück, unweit der Stadt. Einsam liegt es inmitten weiter Felder mit wenigen Bauernhöfen darin. Die Sonne geht hinter dem Monte Subasio auf, dessen Gipfel Krater aufweist. Das ganze Gebiet hier ist vulkanischer Art. In klaren Nächten flimmert die Lichterkette von Spello herüber, aber schon viele Tage ist das glitzernde Schmuckband verborgen in diesigem Grau. Landmaschinen und Autos wirbeln riesige Staubwolken auf, die einem das Spazierengehen verleiden. Ich fühle eine gewisse Spannung in mir, die ich auf die unerträgliche Hitze zurückführe.

Den Dorfplatz von Castel Nuovo bedeckt zentimeterhoch reifer Mais. Radfahrer strampeln hindurch und Hunde verrichten respektlos ihr Geschäft darin. Die Ernte ist überall in vollem Gang, und man arbeitet auf den Feldern bis tief in die Nacht hinein. Im Dachboden dieses Landhauses hat ein Eulenpärchen sein Nest. Um eine bestimmte Stunde höre ich ein Flügelschlagen und Schütteln und Kratzen, immer genau zur selben Zeit. Gesehen habe ich die Vögel noch nie, denn sie verlassen erst spät in der Nacht ihren Bau.

Heute ist die Sonne glanzlos und milchweiß untergegangen, und zu meinem Erstaunen sitzt das Eulenpärchen draußen im Baum. Schnell wird es dunkel und kein Windhauch regt sich im Laub. Die Stunden schleichen langsam dahin im Horchen auf das Summen angriffslustiger Mücken. Einmal und noch einmal stelle ich mich unter die kalte Dusche, aber das tropenähnliche Klima treibt mir augenblicklich den

Schweiß auf die Stirn. Um einen sanften Durchzug zu spüren, öffne ich Fenster und Türe. Gegen Mitternacht kühlt es gewöhnlich ab. Solang liege ich, abwartend, mit einem dünnen Leintuch bedeckt. Auffallend ist die Unruhe der Hunde. Von allen Gehöften in der Umgebung tönt ein aufgeregtes Gekläffe, als wären Einbrecher unterwegs. Ich überlege, was die Hunde so aufgeregt macht, da taucht intuitiv in mir der Gedanke an Erdbeben auf. Tiere ahnen Naturkatastrophen voraus. Das ist bekannt. Und das Eulenpärchen im Baum? Wer hat mir denn diese Geschichte von den Storcheneltern erzählt? Da sollen zwei Störche an einem hellen Sommertag verzweifelt versucht haben, ihre beiden Jungen über den Nestrand zu locken. Nach stundenlangem Bemühen gelang es ihnen, die Kinder zum Abflug zu bringen in den nahe gelegenen Wald. Kurz darauf zog ein Gewitter auf. Ein Blitz schlug ins Kirchturmdach und das Storchennest brannte vollständig aus.

Dort draußen in der Pappel gibt eine Zykade Signal. Die stoßweise hervorgebrachten Schreie erinnern an Feueralarm. In der Schule ertönte unsere Schulglocke in dieser Art bei Probealarm. Das war immer sehr lustig. Der Offiziant geleitete uns dann über eine Nottreppe hinunter und hinaus auf den Hof. Diese wunderbare Unterbrechung des langweiligen Schulunterrichts schätzten wir sehr. Plötzlich kratzt mein Hund an der Tür, und kurz darauf folgt ein Stoß an mein Bett. Ich bin mit einem Sprung mitten im Zimmer, da kommt der nächste Stoß. Über mir schwankt die Lampe und eine Milchflasche zerbricht. Ich reiße den Riegel zurück und renne die Treppen hinunter ins Freie

hinaus. In den Bauernhöfen rundum machen sie Licht. Die Hunde sind jetzt ganz still, und auch die Zykade schweigt. Alles wartet, was kommt. Ich will unbedingt sofort das Auto aus der Nähe des Hauses entfernen. Aber dazu muß ich zurück ins Zimmer, der Schlüssel liegt dort. Mein Herz schlägt im Hals. Wie eine Verrückte rase ich die Treppen hinauf und hinunter. Der Hund springt in den Wagen, ich gebe Gas. Im Rückwärtsgang lenke ich mein Fahrzeug in die Felder hinein. Weg vom Haus. Bloß weg. Still sitzen wir im Wagen und ich fühle das Zittern der Erde unter mir. »Terremote in Umbrien« wird morgen in den Zeitungen stehen. Wie oft hat man davon gelesen und es in Filmen gesehen. Aber dabeisein ist anders. Eine ganz entscheidende Erfahrung. Die Erde, auf der man sich so selbstverständlich bewegt hat in all den Jahren, weist einen ab. »Flieg' doch, wenn du kannst, erheb' dich doch in die Luft zu den Vögeln und den Insekten! Im Augenblick ist auf mich kein Verlaß, wohin du den Fuß auch setzen magst, im Haus oder hier auf dem Feld.« So spricht die Erde zu mir, einem zitternden Bündel Angst.
Selbstverständlich fühlt auch mein Hund die Gefahr. Hächelnd, mit heraushängender Zunge sitzt er auf dem Rücksitz und gibt hohe Pfeiftöne von sich. Ganz deutlich empfinde ich das Beben unter dem Wagen, im Abstand weniger Minuten. Daß die Erde eine Wesenheit ist, wird mir plötzlich bewußt. Ihre Persönlichkeit tritt zutag. Es ist, als krümmte sie ihren Rücken, als wollte sie da draußen auf ihrer Haut etwas Lästiges loswerden. Etwas, das ihr laufend nur Schaden zufügt, sie verpestet, ausbeutet und zu Experimenten miß-

braucht. Etwas, das ihr nie den geringsten Dank erstattet für all das, was sie uns gibt!
Bei einem Erdbeben wird der Hochmut des Menschen erschüttert. Er bricht zusammen ins Nichts. Alle großartigen Errungenschaften der Technik versagen. Machtlos steht auch der größte Wissenschaftler auf bebendem Grund. Gigantische Bauten stürzen wie Kartenhäuser zusammen. Meere türmen sich auf und Kontinente können versinken, wenn die Erde es will. Vielleicht möchte sie ihr Angesicht wieder einmal verändern? Wer weiß. Wenn man alte Landkarten beschaut, so hat sie das ja in gewissen Zeitabständen immer getan. Still ergeben sitze ich da, viele Stunden. Die ganze Nacht über brennt Licht. Niemand möchte sterben im Schlaf. Zugeschüttet werden im Bett. Ob ein nächster Stoß kommt? Ein stärkerer? Bis jetzt ist nichts besonderes geschehen. Hier nicht! Aber vielleicht ist das Zentrum wo anders. Vielleicht sind wir hier nur am Rand. Möglicherweise graben sie jetzt im Augenblick schon mit bloßen Händen die Verschütteten aus. Irgendwo in der Nähe rennen schreiende Menschen herum, sind Leute eingeklemmt zwischen Balken, zerrt eine Mutter am Arm ihres Kindes, sterben sie, erstickend, einen geringen Hohlraum vor dem Gesicht, in dem die Luft sich verbraucht! Jetzt im Moment. Grausige Bilder ziehen vorbei.
Die Häuser hier sind alle sehr alt, baufällig und schwach. Im vergangenen Jahr wurde die ganze Gegend zerstört. Hab' ich nicht einen alten Kupferstich gesehen von der Kirche Santa Maria degli Angeli? Vom Erdbeben zerstört. Erst vor kurzem sprachen wir noch von Arezzo. Woher sich der Name ableiten läßt.

Von »arizzare«, wieder aufrichten, sagte man mir. Arezzo, in der nahen Toskana, war viele Male zerstört. In seinem herrlichen Dom steht im Hauptaltar eine kleine, unscheinbare Madonnenbüste ohne jeden künstlerischen Wert. Der Mesner erzählte mir einmal, sie habe in der Wandnische in einer Taverne gestanden, verräuchert und schwarz. In dieser Weinkneipe wurden die Menschen von einem Erdbeben überrascht. In großer Angst riß einer der Leute die Figur aus der Nische und zeigte sie herum, da fing die Madonna an plötzlich zu leuchten, und ihre braune Farbe verwandelte sich in Gold. Das Beben war beendet und man brachte die Büste in den Dom, um ihre wundersame Kraft dem Volk kundzutun.
Im Auto wird es auf einmal sehr kalt. Nach der anhaltenden Hitzewelle des Sommers ist diese spontane Abkühlung sehr seltsam. Unsicher gehe ich zurück in das Haus. Ich kann nicht ewig in diesem Auto sitzen, jetzt wo ein Gewitter aufzieht. Der Wind schüttelt auf einmal heftig die Bäume. Kurz darauf bricht ein gigantisches Unwetter aus. Es wird mit dem Erdbeben in Zusammenhang stehen. Mit Macht kommt der Schlaf und wird Sieger gegen die Angst. Am andern Tag ist es eiskalt. Es kann mich aber nicht abhalten, unter Menschen zu gehen. Ich will etwas über das Beben erfahren. Als ich die Türe öffne zu dieser Bar, in der ich gewöhnlich meinen Capuccino trinke, finde ich viele Männer in heftiger Diskussion. Ich schalte mich ein in das Gespräch und erfahre, Valernia sei vollkommen zerstört. Fünf Tote hat es gegeben und Tausende irren obdachlos im Unwetter herum. Valernia liegt vierzig Kilometer entfernt. Ein altes Dorf dort drüben am

Berg. Einer stürzt herein in die Bar, kippt einen Vecchio Romagna hinunter und erklärt, er würde jetzt versuchen, seine Mutter zu holen, die in Valernia lebt. Man bemitleidet ihn und wünscht ihm ein gutes Hindurchkommen durch das blockierte Gebiet. Wenn doch wenigstens nicht dieser plötzliche Kälteeinbruch wäre. Wieder fällt mir das Gesetz von der Duplizität der Ereignisse auf. Ein Unglück kommt selten allein, heißt es im Volksmund, und das stimmt. Der Winter 1945 nach dem totalen Zusammenbruch war der kälteste, den man seit langem erlebte. Wir waren nicht nur am Verhungern, sondern auch am Erfrieren, Weihnachten 45! Da waren ein paar gelbe Rüben und ein Kistendeckel zum Feuermachen mein einziger Schatz.
Das Beben hält an. Tage vergehen. Man verfolgt die Fernsehberichte, Valernia wird gezeigt. Die Not, die Plünderer, diskutierende Abgeordnete. Leute im Freien vor Feuerstellen. Protestierend. Wenige Helfer, viele Gaffer, vor allem Reporter mit realaxen Berichten. Das Gebiet wird gesperrt. Regengüsse halten acht Tage lang an. Nach Wochen erst liefert man Zelte und Medikamente. Ich errege mich heftig, aber man lächelt mich an. »Pazienza« entgegnen die Leute: Geduld. Italien ist wie es ist. Eine Mixtur aus Pazienza und Terrorismo, im Augenblick äußerst chaotisch, inflationär, in Großstädten gefährlich und unangenehm.
Ich habe in Italien Pazienza gelernt. In den zehn Jahren, in denen ich lebte auf Sardinien, in Umbrien und Rom. Mein gesamtes gestreßtes Verhalten hat sich in Pazienza verkehrt. Schon darum allein liebe ich den Süden. Bin dankbar, daß er mir Lehrmeister war. Erdbeben mögen kommen und gehen, Feuer vom Himmel

fallen, Engel des Zornes ihr Schwert schwingen über der Welt, nichts kann ich abwenden. Beugen muß sich der Mensch dem allen was kommt. Entscheidend allein ist die geistige Haltung, in welcher man stirbt. »Fürchtet euch nicht vor jenen, die den Leib töten können«, hat der Nazarener gesagt. Geduld müssen wir lernen und nicht festhalten an dieser Welt. Aus Geduld sind die Schuhe gemacht, mit denen wir schreiten über die Brücke des Lebens ins Licht.

Die Glocke von Bondinoccio
Erlebnisbericht aus einer anderen
Dimension

Phänomenalen Ereignissen begegne ich heute anders als früher, weil ich weiß, daß das ganze Universum ein Einziges ist, aus Schwingungen besteht und alles verwoben ist ineinander, so daß alle Ebenen und Sphären einander durchdringen. Was wir wissen, ist wenig, was wir nicht wissen, ist viel. Unser Verstand begleitet uns nur ein kurzes Stück Weges, dann versagt er den Dienst. Mit dem Wunder beginnt jede Philosophie, sagte Aristoteles, und Wunder ist alles um uns; das ganze unfaßbare universale Geschehen.
Ich glaube, je weniger Vorurteile man hat, um so näher kommt man den Dingen. Je größer die Bereitschaft ist, erst anzunehmen und dann erst zu prüfen, anstatt von vornherein an allem zu zweifeln. Der Zweifel ist nur nützlich, wenn er nicht zum Dauerzustand wird, sondern als Mittel dient zum Zweck, immer größere Erkenntnisse zu gewinnen. Je mehr wir unser Bewußtsein auszudehnen vermögen, um so größer wird die Freude am Leben. Am glücklichsten aber sind jene wenigen Menschen, die sich der Erforschung des eigenen Wesens hingeben und Einblick gewinnen in die geheime Werkstatt des eigenen Selbst. Dazu gehört große Aufmerksamkeit, eine gute Beobachtungsgabe und Zeit. Das ganze Leben sollte man sich ununterbrochen

üben in dieser Kunst. Aber meistens begreift man das spät oder überhaupt nie. Vor ein paar Jahren fing ich an, meine Träume am Morgen aufzuschreiben, um zu erforschen, was eintrifft und was nicht. Es gibt wahre Träume und falsche; solche die in Symbolen zu uns sprechen und solche ganz einfacher Art. Gewisse Dinge kommen sehr verschlüsselt an, so daß man lange herumrätseln muß, was sie besagen. Auf jeden Fall sind Träume nicht Schäume, sondern eine Realität wie unser Tagesbewußtsein und sehr wohl unserer Aufmerksamkeit wert.

Nach längerer Zeit der Arbeit in der Großstadt steigert sich meine Sehnsucht immer gewaltiger nach einem einsamen Ort. Fern vom Lärm mörderischen Straßenverkehrs und dem Umgang mit Menschen drängt alles in mir auf Rückzug, heraus aus dem Streß. Es gelingt mir auch immer, sterile Hotelaufenthalte zu umgehen. Dieses Mal bekam ich plötzlich einen Schlüssel zugespielt für ein einsames Haus. Dieses Haus, so erzählte mir der Besitzer, sei fernab gelegen in einer unberührten Natur, und der nächste Nachbar etwa fünf Kilometer entfernt. Es liege inmitten einer verwilderten Landschaft zwischen Olivenbäumen, uralten Kastanien und verwahrlosten Weinbergen neben einer Quelle am Berg.

Von Florenz aus ist es keine zwei Stunden nach Umbrien hinein. Dort liegt das Haus. Umbrien ist dermaßen schön! Die Landschaft ist wie gemalt. Hügel und Berge, Täler und Seen durchströmt vom Tiber und seinen Nebenflüssen, Heilquellen und Wasserfällen und ein Meer von in allen Schattierungen wogendem Grün. Oft ist alles umweht von einem bläulichen

Hauch umbrischen Lichts, und es herrscht ein geheimnisvolles Weben, das Himmel und Erde verknüpft. Heilige, Maler und Künstler bestimmten die geistige Sphäre, der heilige Benedikt, Franz von Assisi, die heilige Klara und Rita als Gegenpole zu den grimmigen Kämpen in eherner Rüstung und der teuflischen Durchtriebenheit einer Piccinino Malatesta, Baglioni und Braccia da Montone. Man kann wirklich erfahren, was Reisebroschüren behaupten: Umbrien schlägt den Besucher sofort in seinen Bann.

Ich empfinde es als ein wirklich glückliches Ereignis, plötzlich jemand zu meinem Freundeskreis zählen zu dürfen, der ein Haus hat an einem solch herrlichen Platz. Ja, nicht nur das. Es steht auch noch leer und – welch ein Wunder – er gibt mir ohne Umschweife den Schlüssel dazu. Ja, er drängt ihn mir geradezu auf. Auf meine Fragen, wann er denn selbst dort wohne, antwortet er, daß er ab und zu nachsehen würde, hauptsächlich nach dem Terrain, das im weiten Umkreis sein eigenes ist, aber zu längerem Aufenthalt käme er nie. Er selbst lebt als Architekt auf Sardinien, schon zwanzig Jahre. Das Gelände sei um einen Spottpreis einmal zum Verkauf angeboten gewesen, mitsamt diesem Haus, und da habe er zugegriffen. Ecco! Der Schlüssel.

Er beschreibt mir den Weg und zeichnet einen sehr schönen Plan, nach dem es mir leicht gelingen wird, das Haus in den Bergen zu finden. Allerdings, so klärt er mich auf, dürfte ich mit Komfort nicht rechnen. Es stände zwar ein alter Kühlschrank in einem Raum und das elektrische Licht funktioniere, aber Bad oder Dusche müßte ich vor dem Haus nehmen in der Quelle am Berg. Das stört mich nicht. Im Gegenteil, es bindet mich nur immer noch fester an ein natürliches Leben ohne Abgase und Gifte vielfältiger Art.

Auch ich zeichne mir einen Plan. In einer warmen Juniwoche breche ich auf. Der Schlüssel des fremden Hauses baumelt zwischen den Autoschlüsseln herum, neben mir liegt der Plan. Ein paar Wochen werde ich bleiben. Nach dem Verlassen der breiten Straße führt der Weg vorbei an Gewölben und Mauerresten der Etrusker, an sakralen Bauten des Mittelalters und der Früh-Renaissance, durch uralte, noch völlig unberührt anmutende Flecken in das geliebte, malerische Umbrien hinein. Mit der Gegend wandelt sich auch schnell das Gemüt. Man fühlt sich leicht, befreit, sonnendurchwärmt, hält an den Straßenbars, um Aranciata zu trinken und zieht tief die südliche Luft in sich ein. Dabei empfindet man deutlich: der Mensch braucht nicht viel. Auf einmal genügen ihm ein Paar Schuhe, irgend ein leichtes Bekleidungsstück, denn die Sonne ist da, Sonne und Luft.

In den Plan ist eine alte Festung auf einer Bergkuppe eingezeichnet; um diese Burg herum liegt ein Dorf. Wenige Häuser. Eine Sandstraße führt hinauf zu dem Castello, von dem man einen herrlichen Rundblick hat übers Land. Dort oben angekommen, frage ich nach dem Weg. Die Einheimischen hier sind so freundlich wie diese Gegend und haben einen offenen, herzlichen Blick. Fremde kommen wohl selten hierher. Es gibt auch keine Unterkunftsmöglichkeit, kein Hotel. Glücklicherweise dringt der Tourismus noch nicht überall hin. Um das Dorf auf dem Gipfel des Berges führt ein Stück Festungsmauer. Rundum schweift der

Blick, über den blausilbernen, schmalen Streifen am Horizont, den Trasimenischen See.
Tief angerührt von dem Frieden ringsum und der herrlichen Stille suche ich weiter den Weg. Das Bergdorf hier wird mein Einkaufszentrum werden – ein kleiner Laden ist da, wo man alles bekommt. Mein großer weißer Begleiter erinnert mich, doch bitte auch nach einem Metzger zu fragen, der Knochen hat für einen Hund. Nachdem ich danach gefragt habe, ist er beruhigt und legt sich wieder faul auf den rückwärtigen Sitz. Wenn ich Hilfe bräuchte, so meinte der italienische Architekt, sollte ich mich an einen Mann wenden, der am Dorfende wohnt. Er könnte mich auch begleiten für den Fall, daß ich den Weg nicht fände zum Haus, also läute ich dort.
Hinter der Tür des Bauernanwesens höre ich schlürfende Schritte. Ein Schlüssel bewegt sich im Schloß, dann stehe ich einem etwa siebzigjährigen, umbrischen Bauern gegenüber, der nichts auf dem Leibe trägt als eine alte Hose und ein zerrissenes Hemd. Er kaut auf etwas herum und lächelt mich an. Mein fragwürdiges Italienisch lobt er mit großer Höflichkeit, aber als er dann hört, daß ich in diesem Haus wohnen möchte, verfinstert sich seine Miene und er schüttelt den Kopf. Überrascht und etwas enttäuscht frage ich ihn, warum er so abweisend schaue. Aber er geht auf die Frage nicht ein, sagt nur ganz kurz und entschieden: Liebe Signora, in diesem Haus kann man nicht leben. Dann holt er seine Jacke, um mich zu begleiten. Als ich die Wagentüre öffne, erschrickt er zu Tod vor meinem Hund und will nicht einsteigen. Ich muß einen großen Schwall beruhigender Worte aufwenden,

bis es gelingt. Auf einer weißen, schmalen Sandstraße geht es in die Berge hinein. Wir biegen um unzählige Kurven, bis die Burg verschwunden ist mitsamt dem Dorf. Anscheinend wohnt hier wahrhaftig niemand mehr, denn ich sehe nirgends ein Haus, nur Pinienwäldchen und vereinzelte Weingärten inmitten ungerodeter wilder Natur. Meine Begeisterung erfährt erneut einen Dämpfer, als der Alte mir sagt, ich sollte mir gleich Vipernserum einkaufen in einer Farmacia. In den Eisschränken der meisten Leute hier lagern ein paar Ampullen, denn ein Vipernbiß brächte augenblicklich den Tod. Auch gibt es keinen Umbrier oder Toskaner, der ohne hohe Stiefel durchs Gras geht. In manchen Jahren herrscht eine regelrechte Epidemie, das kommt daher, daß man die Schweine in die Ställe einsperrt, anstatt sie frei laufen zu lassen, damit sie die Vipern fressen. So wächst ihre Zahl. Auch die Igel sind brave Vipernverspeiser, doch Igel werden getötet durch Schnecken, die durch Pflanzenschutzmittel vergiftet sind, und sterben schon aus. So ist an der Vipernmisere wieder einmal der Mensch schuld mit seiner Habgier und seinem maßlosen Ausbeutertum.

Das Auto wirbelt Staubwolken auf, aber hinter uns fährt niemand mehr drein. Es käme hier selten ein Fahrzeug vorbei, die Straße ende bald. So stehe ich denn auch gleich darauf vor der Entscheidung, ob ich einen vergrasten Felsenweg, dicht zugewachsen mit Sträuchern, hinunterfahren soll. Wie denn der Architekt hinunter käme zu seinem Haus? Oh, der Architekt gehe meistens zu Fuß, außerdem käme er höchstens einmal im Jahr. Im Schrittempo lenke ich das Fahrzeug über Felsen und sperriges Holz. Ein paarmal

müssen wir aussteigen, einen Zweig abbrechen, der den Weg versperrt. Ich hätte gut daran getan, mit einem Buschmesser zu reisen, aber wer hat an Urwald gedacht? Nach dem zivilisierten Eindruck des Architekten zog ich Rückschlüsse auf sein Haus. Plötzlich geht es nun nicht mehr weiter.
Mannshoher Pflanzenwuchs, duftende Blumen, Pfefferminze, Kamillenstauden, Königskerzen in solcher Dichte, daß man einen Pfad hindurch trampeln muß. Ich habe hohe Stiefel dabei, der Mann aber nicht. So endet für ihn hier die Begleitung. Mit einem mitleidigen Achselzucken bedeutet er mir noch einmal: in diesem Haus könne man nicht wohnen. Dann steigt er aus, klopft mir auf die Schulter und sagt, daß er zu Fuß heimgehen werde, um nach seinem Weinberg zu sehen. Wenn ich etwas brauche, ich könne jederzeit kommen zu ihm. Kopfschüttelnd trabt er zurück auf dem Pfad, den wir eben heruntergekommen sind.
Mein Hund macht den Bahnbrecher durchs Grün. In Stiefeln, sehr vorsichtig, gehe ich zwischen den Königskerzen hindurch. Ecco, das Haus! Eine Außentreppe führt hinauf zu einer uralten Tür. Ich schätze das Alter dieses Hauses auf zweihundert Jahre. Es ist aus Steinquadern gebaut und hat kleine, schmale, zum Teil zerbrochene Fenster ohne Läden; auf der einen Seite ein Bogengewölbe, wohl verfallene Stallungen. Von dem Haus sieht man über Hügel und Täler weithin bis zum See. Die Lage ist unglaublich schön in etwa 700 Meter Höhe. Hächelnd steigt der Hund die Treppen hinauf. Zahllose Eidechsen wechseln den Platz. In Mauerritzen verschwinden sie, smaragdgrün und braun, manche von ungewöhnlicher Länge. Mein

Fuß tritt immer vorsichtiger auf, und mein Blick ist dabei ständig auf den Boden gerichtet. Von der Aufgangstreppe sind große Stücke heruntergebrochen, und viele Löcher führen in den finsteren Unterbau hinein. Ich denke an Vipern. Das Schloß geht schlecht auf, dann gibt es nach. Ich trete in einen Raum, »Küche« genannt. Abgeblätterte Farbe, ganze Wandseiten mit grauen Schimmelflecken bedeckt. Giebelbalken, die spitz zulaufen, von arbeitsamen Spinnen bewohnt. Ein Besen mit ein paar schmutzigen Restborsten lehnt an der Wand. In einem breiten offenen Kamin schimmeln Küchenabfälle, liegen Flaschen, verkohltes Holz. Aus einer Steinspüle fliehen Insekten, Käfer, schwarzglänzend und dick. Aber der versprochene Eisschrank ist da. Der wackelige Stecker funktioniert sogar. Das leise Summen des Kühlschranks ist nun das erste Geräusch, das die Stille durchbricht. Bis auf das italienische Dauerplayback, den Grillengesang, hört man nichts. Ein uralter Tisch, zwei nicht zusammenpassende wacklige Stühle, Abfallmobiliar, wie man es auf Müllplätzen trifft. Die Türe steht offen zu einer Kammer mit Bett. In dem Holzboden überall Spalten, handbreite Risse führen im Zick-Zack die Mauern hinauf. Ein häßliches Drahtgestell mit einer verdreckten Matratze, überall ist der Boden von Unrat und Zigarettenstummeln bedeckt. Ich vergegenwärtige mir das Bild dieses freundlichen Architekten – ein graulockiger, sympathischer Mann, Anfang fünfzig, der die herrlichsten Traumvillen an der Costa Smeralda erbaut. Zu welchem Zweck kauft er so ein Haus? Warum hat er es nie renoviert? Wieso überläßt er es Wind und Wetter, Eidechsen und Mäusen?

Aber nun bin ich schon einmal da, und der abschreckende Gedanke an den Auspuffgestank der verkehrsreichen Stadt läßt eine Einkaufsliste entstehen: Besen, Putzlumpen, Mückenspray und andere unumgängliche Dinge. Es wird eine lange Liste, mit der ich kurze Zeit später in diesem Laden erscheine im Dorf. Es hat sich bereits herumgesprochen, daß ich dort bin. Man bemitleidet mich und beschuldigt den Architekten, er habe mir das Haus gewiß nur gegeben, damit ich aufräumen soll. Zwei große Plastiktüten stellt mir die Frau ins Auto hinein. Auch einen Besen, der meinen Hund stört. Nach einer halsbrecherischen Fahrt auf dem verwilderten Weg lande ich, allen Hindernissen zum Trotz, wohlbehalten wieder bei den Königskerzen am Haus. Man muß auch dschungelhart werden auf dieser Welt, denke ich, und finde es gut, daß ich nicht sofort aufgegeben habe im ersten Moment. Irgend etwas hat es sicher zu bedeuten, daß ich hier bin. Vielleicht werde ich die vier geplanten Wochen auf zwei reduzieren?

Die Tage sind lang; nach Sonnenuntergang kommen die Mücken auf einen Schlag. Dem Gesumme weiß ich Gott sei Dank zu begegnen: ich packe die grünen Räucherspiralen aus, die mir die Frau in dem Laden gegeben hat gegen diese Pest. Ich sollte sie ans offene Fenster stellen. Sie würden acht Stunden lang brennen. Und in dieser Zeit nahe sich kein Moskito dem Haus! Es ist wahr. Das Gesumme verstummt, und nach ein paar Minuten leert sich der Raum. Wunder der Neuzeit! Was hat man da früher gelitten, wie gut geht es uns heut! Vorsichtshalber habe ich mir Bettzeug selbst mitgebracht, auch das nötigste Küchengeschirr.

Mit dem Hund sitze ich nun vor dem schmalen offenen Fenster und lausche auf die Stille rundum. Es scheint ein Vogelparadies hier zu sein, denn da ist ein entzückendes Abendkonzert, ein Gezwitscher, Pfeifen und Jubeln, von den versteckten, kleinen Freunden rundum im Laub. Das Haus ist überall von abgestorbenen Olivenbäumen umgeben. Niemand hat sie gepflegt. Auch die Obstbäume verkommen. Wildkirschen und Birnen, von Parasiten bedrängt, tragen wohl kaum noch genießbare Frucht. Eichen und große Walnußbäume schlingen ihre Äste ineinander und ringen um Leben und Luft. Warum lichtet der Architekt nicht das Nötigste aus? Wie schade um das prachtvoll gelegene Terrain. Kaum vernehme ich das feine Rinnsal des Wässerchens, das plätschernd hervorkommt aus dem Berg. Die Rötung des Himmels nimmt zu, wird zu intensivem Himbeerrot und Zartviolett, eh es vergraut. Gebannt sitze ich und folge dem Schauspiel, das die Natur jeden Tag anders und wieder anders vollführt. Prachtvoll, wie nach und nach im noch hellblauen Himmel die Sterne erscheinen, bis zum endgültigen Einbruch der Nacht. Der südlichen Nacht, mit ihren klar schaubaren Milchstraßenwegen, im Nirgend- und Irgendwo-Raum. Ich bedauere mich und gleich mir alle Menschen, die in Großstädten leben, wo der Dunst uns die Sicht zu den Sternen meist verwehrt. Ich habe kein Licht gemacht wegen der Mücken und locke anscheinend neugierige Nachtvögel an. Ganz nahe tönt der Schrei der Eule, und Fledermäuse stürzen sich in lautlosem Flug herab. Nach Einbruch der Dunkelheit zeigt sich ein Lichter-Ballett, ein Glühwürmchenschwarm. In dynamischem Rhythmus läßt

er seine Laternchen aufleuchten, und man hat das Gefühl, da sucht ein geheimes Flugkörpergeschwader in der Gegend nach Gold!
Um in dieses Fenster einzusteigen, müßte man eine Leiter benutzen, wer kann Interesse daran haben? Ich schlafe immer bei offenem Fenster, also was soll's. Schließlich wacht ja mein Hund. Außerdem machen die Menschen einen freundlichen Eindruck, man kann ihnen trauen. Ohne Bedenken und Furcht schlafe ich ein. Man sagt, was man in der ersten Nacht träumt in einem fremden Bett, das wird wahr. Mag sein, daß man für die neuen Eindrücke besonders empfänglich ist. In solchen Fällen hat der Volksmund meist recht. Er redet aus Überlieferung, und Überlieferung kommt aus Erfahrung, und Erfahrung hat recht! In meiner Jugend habe ich unter ganz entsetzlichen Alpträumen gelitten und erinnere mich an manche Träume noch heute bildhaft genau. Da waren die Tunnelträume, qualvoll, ohne Ausgang, wo ich hindurchgesaugt wurde in eine andere Welt. Da waren riesige Ozeandampfer und Meere auf einem fremden Stern. Meere, die sich bis an den Himmel hochhoben. Wassermassen von sagenhafter Gewalt. Dann kamen Jahrzehnte, wo ich mich nicht an ein Traumleben erinnere, vielleicht weil der Alp sich am Tag abspielte. In den letzten Jahren habe ich nur noch freundliche Träume gehabt.
Bis Bondinoccio kam. Es mag gegen vier Uhr gewesen sein, da sehe ich am Fenster eine graue Gestalt. Sie hält sich mit beiden Händen links und rechts fest am Rahmen und beugt sich dann langsam tief herunter zu mir. Plötzlich schaue ich in ein starres Nonnengesicht.

Ein vermoderter schwarzer Schleier klebt um den kahlen Kopf, das Fleisch ist zum Teil abgefallen, zum Teil aber verbrannt. Um die Hüften hat der lebende Leichnam einen Bußgürtel, geschlungen aus stachligem Gras. Der Anblick ist so grauenerregend, so entsetzlich abscheulich, daß mir das Blut in den Adern erstarrt. Plötzlich ist da ein Baum. Ein kahler, abgestorbener Baum. Eine Moorlandschaft dehnt sich in unendliche Fernen und wieder ist eine Nonne im Spiel. Auch sie ist verbrannt. Als ich vorbeiflüchten will, springt sie mich an. Sie will mir etwas sagen, aber ich verstehe sie nicht. Da sinkt sie weinend in sich zusammen in den Felsen hinein. Ich versuche, dem Ort zu entrinnen und sitze mit einem Ruck und rasendem Herzklopfen im Bett. Benommen starre ich in das offene Fenster. Der Rahmen ist leer.

Ich fühle mich elend und krank und denke sofort an die Mückenspirale. Das war kein Traum, den man so träumt, das war eine Halluzination, heraufbeschworen durch Gift. Die Spirale ist beinahe vollständig verbraucht. Mein Herzklopfen deutet hin auf einen Vergiftungsprozeß und es drängt mich ins Freie hinaus, in die Luft, ins Auto zu steigen und unter Menschen zu sein. Wo ist ein einziger Mensch?

Die Nonne im Fenster ist immer noch da. Die Gestalten halten sich beständig in meinem Geist. Immer wieder rollt das häßliche Schauspiel ab vor meinem inneren Blick. Wohin soll ich fliehen, sie sitzen in mir. Greuliche, abgestorbene Nonnen, die sich nicht abschütteln lassen, aus den Gräbern gerufen durch das Wunder der Pharmazie! Wie glücklich preise ich alle früheren Generationen, und wie gerne würde ich mich

nun lieber kratzen an hundert Stellen als diesen Horror zu sehen. Übelkeit drückt meinen Kreislauf herunter, wo soll ich hin? Die Phantasie, geboren aus dieser Droge, erzeugt Vipernnester, Skorpione, und wandelt die Welt. Kein Tag hält mich noch fest. Sofort reise ich ab. Unter Zittern suche ich die Autoschlüssel, mein Hund springt mir nach. Angesichts meiner Ängste ist auch ihm nicht ganz wohl. Der Tag ist noch jung und man kann noch kaum sehen. Trotzdem drängt es mich hinaus aus dem Haus. Wenn ich wenigstens in meinem Auto sitzen kann. Der Hund trabt durchs Gras. Da, was war das? Ein tiefer Grunzton, dem Hund sträubt sich das Fell. Es sind Wildschweine hier in der Nähe, die Quelle rundum zerwühlt. Ich renne zu meinem Auto, der Hund springt hinein und von Sinnen vor Angst drücke ich die Sicherheitsschlösser neben mir zu.
Ob ich einfach versuche, den Weg hinaufzufahren? Die Wildschweine greifen mein Auto sicher nicht an, aber ohne Unterbrechung läuft in mir noch immer der Film. Dieses Doppelsehen von innen und außen, wo man dem einen so wenig entfliehen kann wie dem anderen, das ist verrückt!
Wie wenig doch dazugehört, diesen Zustand zu erfahren, eine Mückenspirale für eine Mark zehn. Ich sitze in meinem Auto und höre auf mein klopfendes Herz. Ganz langsam tritt Erleichterung ein. Die Nonne verbleicht. Bis sie allerdings völlig aufgelöst ist, wird es Tag. Ich erwarte sehnsüchtig die Sonne, sofort reise ich ab. Auf der Uhr im Auto ist es fünf.
Da höre ich das sanfte Läuten eines lieblichen Glöckleins, ganz in der Nähe. Ich wundere mich, wie früh am Tag sie hier schon zur Messe gehen und lausche

dem Ton. Das Kirchlein habe ich wohl übersehen. Anscheinend gehört es zu einigen entlegenen Höfen, so denke ich mir. Nach ein paar Minuten endet der Ton. Ich bin seltsam beruhigt. Die Glocke hat mir die Botschaft von lebenden Menschen gebracht. Schon beginnt ein Umdenken, und ich nehme den positiven Faden erneut wieder auf. An einer Mückenspirale soll mein einsamer Urlaub nun scheitern. An einem idiotischen Traum! Außerdem ist ja die Gegend gar nicht so einsam, wie ich dachte zuvor. Eine Woche werde ich aushalten hier, sonst habe ich nutzlos den schönen Besen gekauft. Stunden später sitze ich mit Tee und Honigbrot am offenen Fenster und danke der Sonne für die Wendung in mir. Aber über die Mückenspirale muß ich dem Kaufmann berichten. Ich möchte nicht, daß solch eine Geschichte auch anderen passiert. Ich will gleich in den Laden fahren, ins Dorf. Und auch dem freundlichen Alten erzählen davon.
Er arbeitet in seinem Garten, und es trifft mich ein fragender Blick. So als ob er alles schon wüßte, sieht er mich an. Wie ich geschlafen hätte, fragt er mich, und ich erzähle den Traum. Da werden seine Augen sehr schmal, und plötzlich streckt er seine ganze Gestalt und sein Arm deutet in jene Richtung, aus der die Glocke erklang. Ich habe gesagt Signora, Sie können nicht wohnen in diesem Haus! Die ganze Zone dort ist verflucht. Bei dem Wort »maledetto« bekreuzigt er sich und zieht mich ins Haus. Umständlich entkorkt er eine Flasche und schenkt sich ein. »Die Glocke«, sagt er sehr leise, »diese Glocke ist nicht existent.« Manchmal hört man sie läuten, manchmal nicht. Es gibt ein zusammengefallenes kleines Kloster hier ganz in der

Nähe, zu dem die Glocke gehört. Aber sie hängt da nicht mehr. Das Kloster ist schon seit ein paar hundert Jahren verwaist. Wo heute dichte Hecken die Mauerreste bewachsen, wurden im 11. Jahrhundert besessene Nonnen gefangengehalten und exorziert. Man hat sie aus ganz Italien in diese verlassene Gegend gebracht. Gefesselt an einen Stein. Vor dem Altar wurde der Teufel mit Schlägen herausgetrieben aus ihrem Leib. Von ihren Schreien verloren die Bäume ihr Laub. Einmal hat dann der Blitz eingeschlagen und die Nonnen sind alle verbrannt.

»Verbrannt« wiederhole ich leise, und der alte Toskaner bestätigt es noch einmal. Dann setzt er hinzu, daß da noch heute ein kahler Nußbaum stehe aus jener Zeit, auf dem säße hin und wieder eine der unglücklichen Frauen. Die Nonnen brächten auch das Läuten der Glocke zustande. Dadurch verschafften sie sich Gehör und bäten um ein Gebet. Die Glocke von Bondinoccio habe ich am Morgen gehört. Ich fühle, wie langsam eine Kälte hochsteigt in mir, wie sich meine Haut kräuselt und mein Herz schneller zu schlagen beginnt. »Und deshalb kann man nicht wohnen in diesem Haus. Capito, Signora!« Der Architekt hat es früher öfter versucht, aber dann hat er keine Hand mehr gerührt. Das Grundstück ist heruntergekommen und das Haus auch. Früher hat einmal eine Familie darinnen gewohnt, aber einer um den anderen fand einen unnatürlichen Tod. Zwei der Kinder waren verrückt. Der Architekt hat schon manchmal Freunden den Schlüssel geliehen, aber nach einer Nacht gingen sie alle schnell wieder fort.

Kurz entschlossen frage ich, ob er mich begleiten

möchte ins Haus. Ich will weg. Die verbrannte Nonne soll mir nicht noch ein zweites Mal in der Nacht erscheinen. Sofort, augenblicklich ziehe ich aus! Ganz gleich wohin. Nur weg, in die Stadt. Weg aus dem Wildschweinloch mit den Vipern und Glocken und den kahlen fliegenden Nonnen im Baum. Wenige Stunden danach brause ich auf der Landstraße dahin. Vergeblich ist jedes Bemühen, eine logische Erklärung zu finden. Hier versagt der Verstand. Es ist gut, daß man immer wieder Dinge erlebt, auf die man sich keinen Reim machen kann. Es sind dies jene Begegnungen mit einer anderen Dimension, die man paranormal nennt. Manche sind besonders empfänglich dafür, andere nicht. In einem kleinen Dorf steht die Kirchtüre offen. Mein Wagen hält an. Neben dem Eingang steht ein Kerzenopfergestell, auf dem ein paar niedrige Stummelchen brennen. »Wer die Glocke hört«, sagte der alte Toskaner, »wird von den Nonnen gerufen für ein Gebet.« Ich stecke drei Kerzen in die eisernen Klammern. Dann setze ich mich in eine Bank. Meine innere Stimme drängt mich, dieses zu tun. Ich folge ihr eigentlich immer, warum diesmal nicht? Letzten Endes ist unser ganzes Leben ein Phänomen des Bewußtseins. Wachsein, Traum oder Tiefschlaf, Leben und Tod, niemand ist da, der uns eine präzise Erklärung gibt. Das Mysterium des Menschen hat bis heute keiner erklärt. Solange mir aber dieses Mysterium niemand erklärt, werde ich auch Kerzen opfern für besessene Nonnen aus vergangener Zeit.

Fische auf der Straße

Der Sturm nimmt weiter zu. Beinahe hat er nun die Stärke eines Orkans. Die an heftige Winde gewöhnten Sarden verharren angstvoll in ihren Häusern. Horchen auf das Scheppern der Rolläden, das Schlagen von unbefestigten Türen, das Johlen und Pfeifen des Windes in den Kaminen. Vergeblich ist jegliches Feuermachen, denn immer wieder fährt der Wind wuchtig von oben herunter und bläst eine Aschenwolke in die Zimmer hinein. Die Frauen kommen mit Kehren und Staubwischen nicht nach. Es ist alles umsonst, man muß abwarten.

Abwarten müssen auch die sechshundert Passagiere des Linienschiffes Tirrenia draußen im Meer. Windstärke zehn. Der Kapitän erinnert sich nicht, jemals in solcher Gefahr gewesen zu sein. Er befindet sich in einer für das mediterrane Meer einmaligen Situation. Auf dem Schiff herrscht Chaos. Die Menschen liegen mit totenbleichen Gesichtern auf Deck. Der Boden ist überschwemmt mit Meerwasser, Unrat und Erbrochenem. Angstvoll klammern sich Mütter an ihre Kinder und umgekehrt. Das große Schiff schwankt heftig nach links und nach rechts. Das bedeutet, daß die Seitenlage bedenklich wird. Das gesamte Mobiliar, hundert Sessel im Aufenthaltsraum, Tische, das Fernsehgerät, stürzen von einer Seite zur anderen. Niemand vermag sich mehr auf den Beinen zu halten. Unter

hysterischem Schreien schleudert es die auf dem Boden liegenden Menschen von einer Wand hinüber an die gegenüberliegende Seite. Sämtliche Flaschen sind an der Schiffsbar aus den Regalen gestürzt. Ein grausiger Cocktail ergießt sich über den Boden.
Selbst die hartgesottensten Seeleute geraten in Panik, haben Angstschweiß auf ihrer Stirn. Der Tod ist näher als das Leben. Ein Paar auf der Hochzeitsreise schreit nach einem Hubschrauber. Noch niemals hat das Mittelmeer im Leben der Leute ein solch furchtbares Angesicht gezeigt. Es scheint, als ob es von Grund auf kocht. Schwarz, mit zwanzig Meter hohen Wellen, bedrohlich und fremd. Apokalyptischer Spuk, rätselhaft unserer Generation. Vorprogramm eines gewaltigen Dramas, entfesselt durch zahllose Experimente der Naturwissenschaft? Auftakt zur großen Weltveränderung, deren Zeichen schon seit langem deutlich geworden sind? Nukleare Versuche. In Rußland. Unter der Erde – immer wieder. Geheim. Offenbar. Wenige offenbar. Wie viele geheim. Experimente, Versuche. Spiele mit dem Erdball. Mit der Spezies Mensch. Erdbeben – Meeresbeben. Katastrophale Klimaveränderungen.
Der Cocktail auf dem Schiffsboden stinkt. Die Kleider der Menschen kleben von erbrochenem Zeug. Todesangst, höllischer Hexenkessel. Hilflos der winzige Mensch in der Hand der Natur. Astronomische Sternkonstellationen, gefährlich wie nie, bestimmen in diesen Jahren die Abläufe auf unserer Welt. 1984 nähert sich uns, und die Planeten rücken in Pluto um Skorpion. Niemand kann voraussagen, was da geschieht. Unbekannte Gravitationsfelder können entstehen. An-

ziehungskräfte, deren Auswirkung noch niemand weiß.
Ob wir verschwinden? Ob wir von der Sonne angezogen werden? Ob Meteorregen aus dem Jupiter niedergehen auf uns? Oder ob unsere Atomversuche genügen, das Angesicht unserer Erde zu verändern? Wird Land auftauchen, wo vordem Meer war, und werden Kontinente verschwinden? Alles in diesem Universum steht in Beziehung zueinander. Jedes Ding hat sein Gegending und steht in ständiger Korrespondenz. Nichts kann man herauslösen aus diesem kosmischen Spiel, es funktioniert vollkommen, perfekt. Aktion und Reaktion sind Grundgesetz allen Seins. Wo der Mensch eingreift, entstehen Veränderungen. Weltweit. Unabsehbar. Plötzlich schlängeln sich Aale auf der Landstraße dahin. Fische zappeln auf dem Asphalt, herausgeworfen aus ihrem Element. Hochgespült aus dem Meer, das plötzlich innerhalb weniger Stunden ganze Landstriche überspült.
Ein Alptraum wird Wirklichkeit. Biblische Bilder wie die Arche Noah drängen sich auf. Schiffbrüchige hat es immer gegeben, wendet man ein. Stürme auch. Aber die Katastrophen häufen sich. Erdbeben erschüttern das Land. Italien ist in einem chaotischen Zustand. Die Häuserwände sind beschmiert mit alarmierenden Schlagworten. »Die Gefängnisse auf!« Die Tagesschau ist ein einziges Horrorprogramm. Beinahe jeden Tag politische Morde, Tote. Erschossen von Terroristen, von Bomben zerfetzt.
Ab sechs Uhr abends, bei Einbruch der Dunkelheit, sind in Nuoro, der Hauptstadt des Banditentums, die Straßen leer. Wer da herumgeht, wird kontrolliert.

Schlägertrupps überfallen die Leute. Die Angst ist Regentin im Land. Mit der Angst zu leben, haben die Sarden gelernt. Aber so, wie sie sich in dieser Zeit ausgebreitet hat, so groß war sie noch nie. Hauptsächlich im Inneren der Insel spürt man sie in ganz erheblichem Maß. Nachts versinkt die Insel in stockfinsterem Schwarz. Kein Haus ist in der Campagna zu sehen. Kein winziger Lichtschimmer dringt irgendwo heraus. Hermetisch mit Rolläden verschlossen sind Fenster und Türen, und die Menschen achten auf jedes Geräusch, schlafen selten ohne eine Waffe, die griffbereit liegt.

Das Kidnapping hat ganz erheblich zugenommen. Traditioneller Menschenraub, sardisches Lebensgesetz unter Sarden, hat auf Fremde übergegriffen. Was einmal eine Art von Vendetta gegen die Reichen im Land war und was eigentlich immer nur Sarden betraf, ist nun anwendbar auf einen jeden. Den Chansonsänger André und seine Freundin, beide Italiener, hat man nach vier Monaten endlich entlassen. Eine halbe Milliarde Lire Lösegeld wurde vom Vater verlangt. Er hat bezahlt. Heimlich. In Raten. Vier Monate waren die beiden in Ketten an einen Baum gefesselt, mit einer Kapuze über dem Kopf. Irgendwo in den einsamen Bergen in einer der zahllosen Grotten, die niemand auffindet außer den Hirten, die als Helfer assistieren. Sie schaffen das Essen für die Gefangenen heran.

Sardisches Kidnapping hatte bisher immer denselben Verlauf. Wie ein uralt eingefahrenes Spiel zieht es sich durch die Jahrhunderte hin. Es endet so oder so. Wenn bezahlt wird, mit Rot – wenn nicht bezahlt wird, mit Schwarz. Man verhandelt. Briefe gehen hin und her. Meist gibt es einen, der die Vermittlerrolle übernimmt. Er muß stark sein und mutig. Ein halber Bandit. Zuverlässig im Schweigen. Stumm wie der Tod. Ein falsches Wort – Mißtrauen, das er erregt, löst den Kontakt. Verhandelt wird hinter dem Rücken der Polizei. Anwälte vermitteln, manchmal auch Pfarrer, je nachdem. Aber in letzter Zeit zeigt auch das Kidnapping der Sarden ein neues Gesicht. So wie das Meer. Plötzlich erzählen Freigelassene, man habe sie in einem Zelt untergebracht, in einem Haus. Auch werden Frauen in den letzten Jahren entführt. Kinder und Frauen. Das ist neu. Die schwangere Tochter eines Großindustriellen saß vier Monate in einem Zelt. Die Banditen bringen einen Plattenspieler und rosarote Wolle zur Vorbereitung für Babyjäckchen und Höschen. Wie lieb! – Wenn man sich über die Summe nicht einigen kann, gibt es kein Pardon. Nie, oder besser so gut wie nie, findet man eine Leiche. Die Körper werden spurlos beseitigt. Sardiniens Berge sind von tiefen Tunnels und Schächten durchzogen; diese führen Hunderte von Metern ins Innere der Erde hinein. Unbegehbar und nur den Banditen vertraut. Wer die dünne Inselbesiedlung kennt und die tiefe Einsamkeit der Natur, weiß Bescheid.

Im Moment gibt es viele blutverschmierte Autokühlerhauben; in Kolonnen, lauthupend, durchziehen die Wagen langsam die Dörfer. Das Signal gilt der Bevölkerung, es ist ein Signal der Freude. Die Wildschweinjäger kehren zurück. Ihre Beute haben sie vorne auf den Autokühler gebunden, auf den Wagen des Capo. Dreißig Jäger in sechs Autos hintereinander zeichnen für den Abschuß eines dieser borstigen Burschen. Von Italien kommen sie massenweise herüber, Sardiniens

Wildschweinen den Garaus zu machen. Aber die Sarden wehren sich gegen den Feind. Plötzlich sind auf geheime Verständigung innerhalb der Bevölkerung an einem Wochenende die Autoreifen der Sportjäger durchstochen. Im ganzen Land. Hier funktioniert vieles durch Weitergabe eines »Codes«, den nur der Sarde versteht. So scheint es wenigstens. »Omertà« ist das archaische Inselgesetz.
Frauen wissen zu schweigen und lehren die Kinder zu schweigen. Omertà unter jeder Bedingung, kein Wort des Wissens oder der Zeugenschaft für die Polizei. Richter und Staatsanwälte rätseln herum an zahllosen unaufgeklärten Verbrechen. Aktentürme in den Gerichten zeugen von der Hilflosigkeit gegenüber der Omertà. Die sardische Hausfrau verschließt ihr Wissen um finstere Dinge in ihrem Herzen, wie sie die Füllung in ihren Ravioli verschließt. Jeder hier schweigt. Niemand hat jemals etwas gesehen. Am hellen Tag wird in Nuoro inmitten von Freunden einer erschossen. Ein Auto mit den Mördern fährt nahe an die Gruppe heran. Sie tragen nicht einmal eine Maske vor dem Gesicht. Schüsse fallen. Der Getroffene bricht zusammen. Langsam macht sich das Auto davon. Niemand der Umstehenden hat die Autonummer gelesen. Keiner hat jemanden erkannt. Obgleich jeder hier jeden kennt. Der Sarde von weitem schon sieht, aus welchem Dorf der andere stammt. Obgleich beinahe jeder mit jedem verwandt ist, und sie ein Gedächtnis für Namen haben, für Ereignisse und Gesichter, daß man nur staunt. Obwohl sie sich an kleinste Einzelheiten scharfsinnig erinnern, erlischt im Fall von Verhören jegliches geistige Licht.

Im Augenblick verlöscht auch das Licht in Städten und Dörfern vollkommen willkürlich mehrmals bei Tag und bei Nacht. Energiemangel. Einsparung wird verlangt. So bremsen alle paar Stunden sämtliche Espressomaschinen in allen Bars, elektrische Werkzeuge, Sägen, Lötkolben, Waschmaschinen, Ventilatoren, Heizkörper, Zementmischmaschinen, Kühlschränke, alles was des Stromes bedarf. Und was bedarf nicht des Stromes. Wenig.
Ich wohne in einem eiskalten Zimmer in einem düsteren Hotel. Der Heizkörper gleicht einer Kühlbox. Ob man am roten oder blauen Wasserhahn dreht, bleibt sich gleich. Vom Staat ist das Einschalten der Heizkörper nur zu bestimmten Stunden erlaubt. Die Hotelbesitzer verweisen auf dieses Gesetz, stützen sich darauf und schalten oft überhaupt nicht ein. An Gästen ist man kaum interessiert. Die Freundlichkeit, die man ihnen früher entgegenbrachte, ist nun vorbei. In der Hauptsaison Juli/August im vergangenen Jahr bricht ein gespenstisches Feuer aus, das fünfzig Kilometer lang den ganzen Küstenstreifen von Olbia bis Siniscola verbrennt. Man fährt durch eine höllische Zone von kohlschwarzen Sträuchern und Bäumen, kahlen rußigen Felsgebirgen, in denen kaum noch etwas lebt. Verstummt ist das Zirpen der Grillen, Insekten, Hunde und Schafe – alles verbrannt. Menschen kamen keine ums Leben. Auch kein Tourist. Die Leute blieben in den Hotels und in ihren Häusern und kamen mit dem Entsetzen davon.
Man sagt, der Brand sei gelegt worden. Die einen behaupten, der Zweck wäre gewesen, die Fremden von der Insel zu verscheuchen, man sei ihrer überdrüssig.

Der Tourismus hat die ganze Insel verdorben, sagen sie. Er war der Ruin.

Sardinien heute bietet ein wenig einladendes Bild. Aber es ist da etwas, das einen trotzdem immer wieder zurückkommen läßt. Mit magischer Gewalt zwingt die Insel jeden in ihren Bann, der sich ihr einmal geöffnet hat irgendwann. Ihre Magie liegt in ihrer Natur. Diese unbeschreibliche Schönheit. Wie ein herrliches, riesiges Weib breitet sie abends die bunten Schleier ihrer Sonnenuntergänge über den Himmel in einem atemberaubenden Farbenspiel, dem sich keiner entziehen kann.

Der Erdgeist hat in den Zaubergebirgen von Baya Sardegna jedwede Form manifestiert. Der Phantasie sind keine Grenzen gesetzt. Hier findet sich alles im Stein, was auch in Fleisch und Blut vorhanden ist auf der Welt. Die turmhohe Eule, der Bär, die Nonne, der alte Ägypter, Christus am Marterpfahl sind jedem Sarden bekannt in diesem Geistergebirge, diesem zu Stein erstarrten, kosmischen Spiegel der Welt. Alptraum oder Entzücken, je nachdem, wie man's nimmt. Auf jeden Fall steckt in den Formen zwingende Kraft.

Als ich nach bedrückenden Tagen endlich das Schiff wieder besteige, lächelt ein freundliches Meer. Der Sturm hat sich gelegt. Das Schiff, gereinigt von Unrat, schaukelt im Hafen des Golfes Arrangi. Sieben Passagiere gehen an Bord. Es ist Heiliger Abend. Wer reist da schon herum. Die Schiffsbesatzung ist dieselbe wie in der schrecklichen Nacht. Ich mache Tonbandaufnahmen. Sie erzählen, wie es war. Irgendwie sind sie verstört. Nicht mehr so sicher. Das Mittelmeer war bis jetzt nicht gefährlich. Nun hat man es anders erlebt.

Man war in höchster Gefahr. Was als unmöglich galt, ist geschehen und kann sich wiederholen. Niemand ist sicher davor. Die Zeichen der Zeit sind in einen düsteren Himmel geschrieben, der sich über alle Meere hinwölbt, über Ozeane und Kontinente, nicht nur über eine winzige Mittelmeerinsel in Ängsten, deren Leid sich unentwegt mehrt.

Elfie Pertramer

Geschichten aus Sardinien

Das erste Buch der bekannten Münchner Schauspielerin, die seit Jahren auf Sardinien lebt. Ihre dunklen, geheimnisvollen, wahren Geschichten über Sardinien, seine Bewohner, deren Ängste und Freuden sind Zeugnisse von der Wandelbarkeit und Menschlichkeit einer begabten Künstlerin.

In ihren Erzählungen von der „Magischen Insel" entdeckt selbst der Sardinienkenner eine ihm unbekannte, von den Gesetzen der Gewalt und des Schweigens beherrschte Welt, in der die geheimen Kräfte der Natur noch eine glückbringende oder verderbliche Rolle spielen.

Die magische Insel
Geschichten aus Sardinien von den geheimnisvollen, wunderbaren Kräften der Seele.
248 Seiten, Leinen.

Süddeutscher Verlag